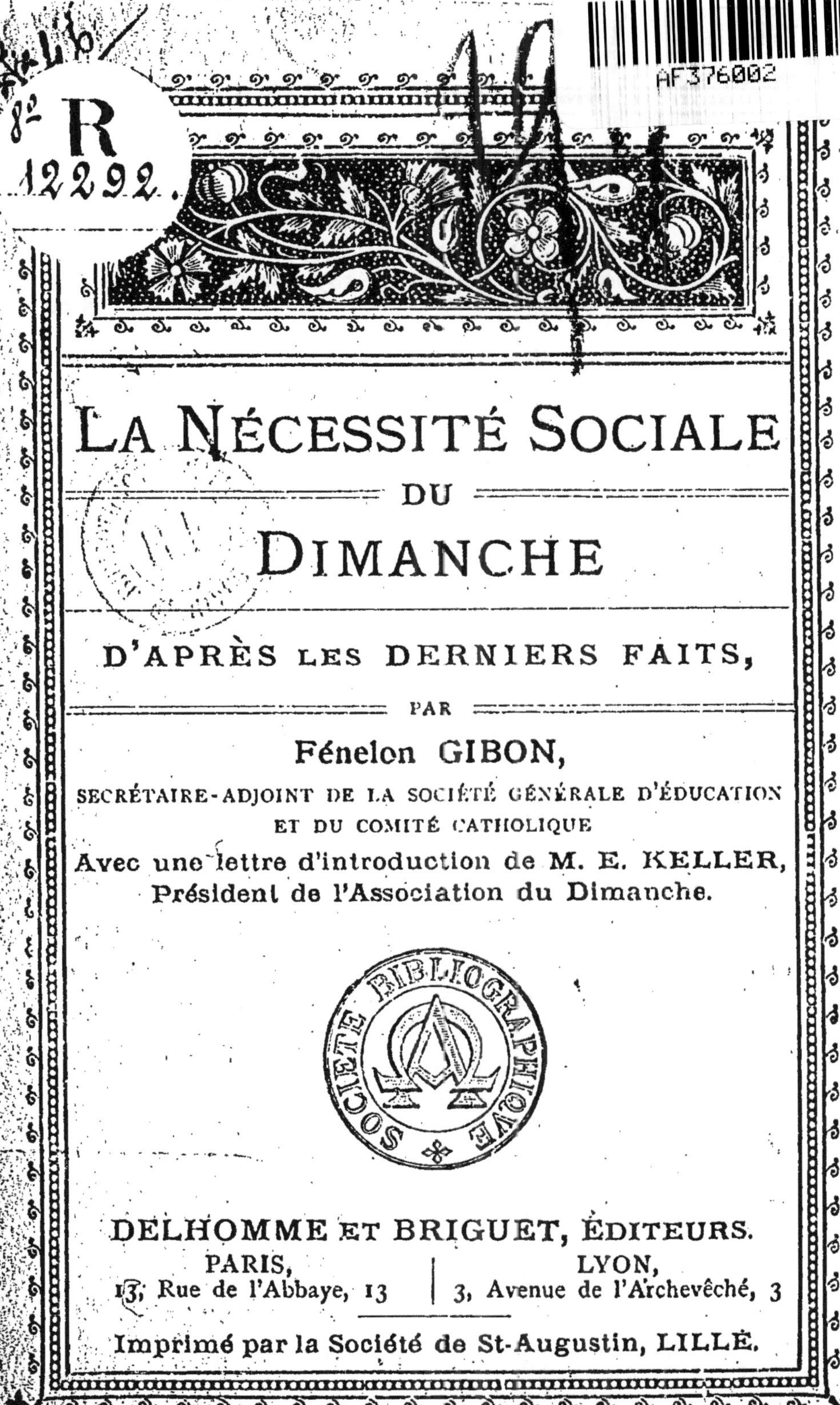

LA NÉCESSITÉ SOCIALE

DU

DIMANCHE

D'APRÈS LES DERNIERS FAITS,

PAR

Fénelon GIBON,

SECRÉTAIRE-ADJOINT DE LA SOCIÉTÉ GÉNÉRALE D'ÉDUCATION
ET DU COMITÉ CATHOLIQUE

Avec une lettre d'introduction de M. E. KELLER,
Président de l'Association du Dimanche.

DELHOMME ET BRIGUET, ÉDITEURS.

PARIS, | LYON,
13, Rue de l'Abbaye, 13 | 3, Avenue de l'Archevêché, 3

Imprimé par la Société de St-Augustin, LILLE.

LA NÉCESSITÉ SOCIALE

DU DIMANCHE

D'APRÈS LES DERNIERS FAITS.

La Nécessité Sociale

du

Dimanche

D'après les derniers faits,

par

Fénelon GIBON,

SECRÉTAIRE-ADJOINT DE LA SOCIÉTÉ GÉNÉRALE D'ÉDUCATION
ET DU COMITÉ CATHOLIQUE,

Avec une lettre d'introduction de M. E. KELLER,
Président de l'Association du Dimanche.

DELHOMME ET BRIGUET, ÉDITEURS.

PARIS,   LYON,
13, Rue de l'Abbaye, 13 | 3, Avenue de l'Archevêché, 3

Imprimé par la Société de St-Augustin, LILLE.

LE REPOS DU DIMANCHE

Bulletin mensuel, organe de l'Œuvre du Dimanche fondée à Paris en 1854 et enrichie d'indulgences par S. S. Pie IX. (Bref du 9 décembre 1854.)

1 fr. par an : 35, RUE DE GRENELLE.

Ainsi que nous l'exposons, le *Comité catholique* de Paris a été chargé de continuer l'ŒUVRE DU DIMANCHE qui a longtemps fonctionné dans la capitale sous le patronage de l'*Association de Saint-François de Sales.*

Le Comité a pensé qu'il n'y avait pas de moyen plus efficace de faire connaître cette œuvre et de la développer que de publier un *Bulletin* mensuel, dans lequel il s'appliquerait à traiter, au point de vue pratique, les questions se rattachant au repos et à la sanctification du dimanche, sous les grands points de vue religieux, économique et social. Des chefs d'industrie, des commerçants, des agriculteurs, des maîtres et maîtresses de maison, — il en est, hélas ! trop peu au courant de leurs devoirs, — veulent bien nous assurer qu'ils lisent avec fruit le *Repos du Dimanche ;* les membres du clergé y puisent des renseignements utiles.

M. Ed. Poutal, secrétaire du *Comité catholique* de Paris, a parlé de ce *Bulletin* au Congrès de l'*Union des Œuvres*, tenu en septembre 1891, à Valence, en termes utiles à rappeler : « Son rédacteur en chef est M. Hubert-Valleroux, le savant économiste catholique dont le nom se passe d'éloge ; parmi ses rédacteurs, je vois des industriels, des ingénieurs, des publicistes, qui veulent bien mettre leur haute compétence et leur talent au service de la cause dominicale. Quant aux sujets traités dans notre journal, ils sont aussi variés que possible, variés de fond, variés de forme, mêlant l'utile à l'agréable et le plaisant au sévère, de façon à pénétrer partout et à se faire partout bien venir ; c'est ainsi qu'il rend compte des mandements de NN. SS. les évêques et du mouvement religieux proprement dit : des discussions devant les chambres et devant les conseils généraux ; des délibérations devant les Congrès catholiques dans ces dernières années ; il suit le mouvement dominical en France dans une *chronique mensuelle.* »

LA CROISADE DU DIMANCHE

(50.000 exemplaires)

Brochure in-12, 60 pages, avec couverture spéciale, par

FÉNELON GIBON

SECRÉTAIRE-ADJOINT DE LA

SOCIÉTÉ GÉNÉRALE D'ÉDUCATION ET DU COMITÉ CATHOLIQUE

HONORÉE DES LETTRES D'APPROBATION

de Son Éminence le cardinal Richard, archevêque de Paris, et de NN. SS. les évêques de Clermont-Ferrand et de Nancy.

Saint-Nicolas, le 4 Novembre 1891.

MON CHER MONSIEUR GIBON,

Décidément le bon Dieu vous appelle à être l'apôtre du repos du dimanche. Le succès de votre première brochure marquait nettement cette vocation.

Je vous félicite d'y avoir répondu et d'avoir compris qu'il fallait maintenant traiter cette question au point de vue populaire, et la mettre à la portée de ceux qu'elle intéresse le plus, c'est-à-dire des ouvriers.

En effet, les riches peuvent se reposer quand il leur plaît et prendre à leur fantaisie de longues et joyeuses vacances. Au contraire, les ouvriers ne seront que des bêtes de somme et des esclaves, si les lois divines et humaines ne s'entendent pas pour leur assurer un jour de repos par semaine. La liberté du dimanche est la grande charte de leur émancipation.

On parle beaucoup de la souveraineté du peuple et de l'intérêt du plus grand nombre. Ceux qui vivent de leur travail sont de beaucoup les plus nombreux. Pour obtenir le repos du dimanche, il leur suffit donc d'en comprendre l'importance et de le vouloir. Quand ils vous auront lu, ils seront convaincus de la nécessité de cette institution primordiale ; ils la réclameront comme un droit inaliénable, et personne ne pourra la leur refuser.

Vous avez donc bien fait de vous adresser à eux et de leur montrer comment le repos dominical peut et doit être observé dans toutes les branches de l'activité humaine, dans l'industrie comme dans l'agriculture, dans le commerce et les transports, dans les constructions privées et dans les travaux publics.

Par votre père, qui a été si longtemps le bienfaiteur et le père d'une grande famille ouvrière, et qui avait su résoudre pour elle ce qu'on appelle la question sociale, vous avez appris à pénétrer tous les secrets de l'industrie, et vous avez su réfuter victorieusement les mauvaises raisons de tous ceux qui allèguent les nécessités de leur propre usine pour faire une brèche à la loi générale.

Personnellement, vous avez suivi de près la campagne faite par les actionnaires des compagnies de chemins de fer, pour assurer le repos du dimanche au moins au personnel des gares de *petite vitesse. Ce bienfait a été parcimonieusement marchandé, et il se trouve que c'est la compagnie la plus opulente, celle qui ne demande jamais rien à la garantie de l'État, qui a fait restreindre la mesure demandée ou acceptée par les autres.*

Vous avez de même vu à l'œuvre les architectes et les entrepreneurs chrétiens associés pour suspendre, le dimanche, les travaux de construction de notre grande capitale.

Enfin, pendant les quelques jours de loisir que vous laissent les œuvres parisiennes, vous avez pu juger de vos propres yeux combien la trêve du dimanche est à la fois facile et indispensable aux rudes travailleurs de la campagne, dont on ne peut songer à réduire la journée, et qui ont absolument besoin de respirer et de lever les yeux vers le Ciel après six jours d'un labeur incessant.

Partout vous vous êtes placé sur le terrain des faits, et vous avez prouvé que, bien loin de l'ébranler, ils confirment la grande loi chrétienne dont vous vous êtes fait le défenseur.

En résumé, il n'y a, pour la combattre, que des arguments puérils, égoïstes et hypocrites, inspirés par la soif du gain ou par la haine de la religion. Pour satisfaire ces basses passions, on réduirait volontiers l'ouvrier en esclavage, et, tout en réclamant bruyamment l'émancipation des noirs, on pratiquerait sans scrupule et sans pudeur la traite des blancs.

On ne saurait trop le répéter avec vous : celui qui travaille a besoin, pour son âme et pour son corps, pour sa famille et pour sa corporation, d'un jour de repos par semaine ; et, pour que cette faveur ne soit pas chimérique, pour qu'elle réunisse tous les membres d'un même foyer, le père, la mère, les enfants ; pour qu'elle leur permette de prendre une part commune aux joies domestiques et aux fêtes de la patrie, il faut que ce jour soit le même pour tous.

Cela est si vrai que l'état républicain et anticlérical a fêté le dimanche comme jour de repos pour ses législateurs, ses fonctionnaires, ses soldats, ses étudiants, ses écoliers. Et nous le mettrions au défi de choisir un autre jour, ou de recommencer la folie du décadi. Non, nos gouvernants ne retomberont pas dans le ridicule du calendrier républicain. Ils ne feront pas dater de Robespierre et de Marat, ou de MM. Constans et Yves Guyot, la civilisation dont Jésus-Christ est proclamé le fondateur par la voix du genre humain, et ils ne transporteront pas au lundi ou au dixième jour le privilège dix-neuf fois séculaire du dimanche. Les géants du premier 93 y ont échoué, les pygmées du second ne l'essaieront même pas. Et, s'ils ont quelque souci de la logique et du bonheur des ouvriers, ils étendront à toute la nation les bienfaits réservés aux employés et aux enfants des écoles.

Les égoutiers de Paris ont donné un merveilleux exemple. Ils ont demandé et il est permis d'espérer qu'ils obtiendront de se reposer le dimanche. Les ouvriers des autres professions ne les valent-ils pas ? Pourquoi donc leur refuserait-on ce qu'on aura accordé aux premiers ?

Pour couronner ce beau travail, vous rappelez avec raison que la liberté du dimanche apparaît au premier rang dans la dernière encyclique du Saint-Père. Sur ce point, l'accord de l'Église et de l'État est aussi facile que nécessaire, même dans les temps troublés que nous traversons ; et, si cet accord avait lieu, la grande question sociale serait à moitié résolue. Car, au lieu de tout attendre de la prévoyance et de la contrainte de l'État, l'ouvrier aurait ainsi, d'un seul coup, la liberté de penser, d'agir, de se concerter avec ses camarades, de pourvoir lui-même à la défense de ses intérêts, en même temps qu'il retrouverait la vie de famille, l'égalité des saintes joies qu'elle procure au pauvre comme au riche, et le loisir de penser, lui aussi, à l'éternelle vérité et aux consolantes perspectives de la vie future.

Que de trésors réunis dans cette loi du dimanche, et concentrés dans votre seconde brochure ! Je lui souhaite encore plus de lecteurs qu'à la première ; j'espère qu'elle pénétrera dans les couches populaires auxquelles elle est surtout destinée, et pour lesquelles elle est un véritable bienfait ; et, comme chrétien et comme Français, je vous remercie de l'avoir faite.

Croyez à tout mon affectueux dévouement.

E. KELLER,

Ancien Député.

§ I. — La question populaire par excellence.

AUX OUVRIERS. — Les enseignements du Pape. — Le dimanche observé. — Le dimanche profané. — Le Congrès international pour le repos hebdomadaire, devenu, par la force même des choses, le Congrès du dimanche. — Il y va de notre bien social. — Il y va de notre bien moral. — Criminalité croissante depuis dix ans. — Témoignage de M. J. Simon à la Conférence de Berlin. — Il y va de notre bien intellectuel. — Témoignages de M. Gladstone et du Président de la République des États-Unis. — Il y va de notre bien physique. — Procès de l'eau-de-vie. — Les stimulants d'un honnête homme et le témoignage de Proud'hon. — Résolutions du Congrès.

§ II. — Le dimanche et l'industrie.

Le repos du dimanche, moyen de produire mieux, davantage et plus longtemps. — Patrons prisonniers de leur industrie. — Surmenage des patrons. — Raffineries de sucre. — Sociétés de construction, maitres de forges, etc. — Filateurs. — Fabricants de papier. — Imprimeurs. — Verreries et cristalleries. — Divers. — Dépositions ouvrières. — Le repos dominical serait-il impraticable pour les ouvriers d'usines et d'établissements à feu continu ? — Faits et témoignages favorables à la cause dominicale. — Résolutions du Congrès.

§ III. — Le dimanche et le bâtiment.

Pas de malentendus : il nous faut le repos du dimanche ! — L'ASSOCIATION POUR LE REPOS DU DIMANCHE DANS L'INDUSTRIE DU BATIMENT. — Son langage aux propriétaires. — Deux témoignages d'architectes. — Avis pratiques intéressant les propriétaires. — Son langage aux architectes et aux ingénieurs. — Son langage aux entrepreneurs. — Son langage à ses ouvriers. — La fermeture d'un chantier mettra dans la rue beaucoup d'ouvriers ! — Résolutions du Congrès. — Le dimanche au Congrès des architectes de 1891. — CHANTIERS DE TRAVAUX PUBLICS.

§ IV. — Le dimanche et les chemins de fer.

300.000 intéressés : plus d'un million de Français, familles comprises. — Responsabilité des actionnaires des compagnies de chemins de fer. — Avant tout, agissons sur l'opinion. — Les difficultés de la tâche ne nous rebuteront pas. — Campagne en faveur du service de petite vitesse : comment les catholiques l'ont conduite, comment ils doivent la soutenir. — L'arrêté ministériel est une demi-solution. — Pourquoi nous tendons à la suppression totale de ce service. — Motifs d'espérer, tactique à suivre. — 250.000 agents soustraits habituellement à la vie de famille. — Combien la France est devancée, notamment par la Belgique et la Suisse !

§ V. — Le dimanche, les postes et les télégraphes.

Le corps expéditionnaire de nos 20.000 facteurs. — Diminuer le service postal le dimanche, solution à la portée de tous. — Pressants appels des facteurs et employés postaux. — Service de Paris : dépositions du président de l'Union fraternelle des facteurs de la Seine, facteur lui-même. — Conclusions : Marcher d'étape en étape, et ménager les transitions. — Un exemple à ne pas imiter. — Conclusion. — Combien la France est devancée, notamment par la Belgique et la Suisse ! — TÉLÉGRAPHES ET TÉLÉPHONES. — Réformes pratiques susceptibles d'une prochaine exécution : appel à l'initiative individuelle, à la décentralisation administrative et à l'autonomie communale ; moyens de propagande.— Résolutions du Congrès.

§ VI. — Le dimanche, l'agriculture et le commerce.

Le dimanche et l'agriculture. — La plaie, les remèdes. — Le dimanche et le commerce. — Fermeture, le dimanche, des comptoirs et des magasins.

§ VII. — Conclusions.

OBJECTIONS. — 1° L'équivoque du repos hebdomadaire. — 2° Poser en règle le repos dominical, c'est porter atteinte à la liberté du travail ! — 3° Il faut manger les sept jours de la semaine : donc il faut travailler également chacun des sept jours ! — 4° La suppression du travail, le dimanche, diminuera la production nationale ! — RÉSUMÉ. — Aux trois catégories d'intéressés : ouvriers, patrons et clientèle. — Progrès de la cause dominicale. — L'ASSOCIATION POUR L'OBSERVATION DU REPOS DU DIMANCHE.

PRIX :

	fr. c.
Brochure grand in-12 de 128 pages, *franco* .	0 25
12 exemplaires, *franco*	2 50
100 exemplaires, *franco* EN GARE	15 00
1000 exemplaires, *franco* EN GARE	125 00

§. 1ᵉʳ — La question du dimanche, question populaire par excellence.

AUX OUVRIERS.

OUVRIERS, je me présente à vous en ami dévoué. C'est à votre intention spéciale et dans votre intérêt à vous, hommes des classes populaires, que j'ai composé cette brochure. Homme d'œuvres, je ne serai jamais en quête de vos suffrages. Je veux vous entretenir du dimanche, et, à cette fin, je compte m'adresser tout le temps à votre raison : trop heureux, croyez-le, mes amis, s'il m'est donné de vous atteindre au cœur !

Touché de votre sort, j'ai la pensée de vous démontrer, le plus simplement possible, les inconvénients du travail ininterrompu, et aussi les avantages qui résulteraient pour votre santé, pour votre tranquillité, pour vos familles, pour la société tout entière, de l'observation du repos dominical qui vous mettra en règle avec DIEU, en paix avec vous-mêmes, à votre place au foyer domestique.

Et me voilà à l'œuvre, soutenu par la bénédiction de l'éminent évêque d'Autun, qui approuve l'idée générale de ma brochure, encouragé par la pensée que le peuple a souvent plus de religion et un meilleur jugement dans son petit doigt que beaucoup d'autres n'en ont dans toute leur importante personne, stimulé par l'espérance que vous recevrez à bras ouverts mon petit livre !

Le secrétaire de l'*Association des ouvriers pour le repos du dimanche*, à Londres, écrivait aux organisateurs de notre Congrès international de 1889 : « On ne saurait exagérer l'importance du principe du repos du dimanche pour les nations et surtout pour les ouvriers : il contribue certainement à prolonger la vie et à conserver la santé ; il entretient la vitalité de la patrie, et, quand il est bien observé, il concourt au maintien de l'ordre, des bonnes mœurs et de la vraie piété. » Vos camarades protestants de l'autre côté de la Manche ont fait la bienfaisante expérience de l'observation du dimanche. Observez-le à votre tour, et vous en recueillerez les mêmes avantages.

A chacun de nous de mettre sa conscience en face de ce fait positif et déplorable : « Il y a des hommes qui souffrent de l'abus qu'on fait de leur travail, qui voudraient se reposer et ne le peuvent pas ! » Le dimanche que nous avons est le plus souvent un dimanche égoïste, sans cœur et sans pitié. S'il est habituellement le repos du corps et le rafraîchissement de l'âme des hommes adonnés aux professions libérales et de la plupart des fonctionnaires, il faut qu'il le devienne également pour vous, ouvriers d'industrie, du bâtiment, ouvriers et employés des chemins de fer, des postes, des télégraphes, du commerce, ouvriers agricoles enfin.

J'ai recueilli une masse énorme de faits dans les procès-verbaux du Congrès de 1889 et de la Conférence de Berlin, — et les faits, voilà évidemment ce qu'il y a de plus concluant ! Mais, pour l'amour de DIEU, pour votre bonheur à vous-mêmes, chers lecteurs, n'écartez pas, je vous en supplie, celui qui vient causer avec vous de vos meilleurs intérêts.

LES ENSEIGNEMENTS DU PAPE. — Vous avez le cœur trop droit pour ne pas faire cas de DIEU. Parfois vous vous méfiez du prêtre, le plus souvent pourtant fils du peuple comme vous ; et, par une pente en quelque sorte insensible, vous oubliez cette religion prêchée par un DIEU qui s'est fait fils d'un charpentier pour relever la dignité de votre condition, vous la faire aimer, et aussi pour vous donner la confiance qu'Il n'abandonnera pas les « gens du métier. »

Notre Maître à tous nous a laissé un représentant, l'évêque de Rome, l'évêque des évêques, et Il veut que nous l'écoutions comme Lui-même. Eh bien ! mes amis, le Vicaire de DIEU sur la terre s'est préoccupé de votre sort si souvent digne de compassion, et, conformément aux traditions constantes de l'Église, le successeur actuel de Pierre revendique pour vous la sainte liberté du dimanche. Écoutez avec quelle touchante sollicitude le Pape Léon XIII établit, dans sa récente Encyclique *sur la condition des ouvriers,* en même temps que votre droit au repos de chaque jour, votre droit à vous reposer le dimanche, votre devoir de faire un saint et judicieux emploi du « jour du Seigneur » :

« A ce point de vue, tous les hommes sont égaux ; point de différence entre riches et pauvres : *ils n'ont tous qu'un même Seigneur*. Cette dignité de l'homme que Dieu lui-même traite *avec un grand respect*, il n'est permis à personne de la violer impunément, ni d'entraver la marche de l'homme vers cette perfection qui répond à la vie éternelle et céleste. Bien plus, il n'est même pas loisible à l'homme, sous ce rapport, de déroger spontanément à la dignité de sa nature, ou de vouloir l'asservissement de son âme, car il ne s'agit pas de droits dont il ait la libre disposition, mais de devoirs envers Dieu qu'il doit religieusement remplir. C'est de là que découle la nécessité du repos et de la cessation du travail aux jours du Seigneur.

» Qu'on n'entende pas toutefois par ce repos une plus large part faite à une stérile oisiveté, ou encore moins, comme un grand nombre le souhaitent, ce chômage fauteur des vices et dissipateur des salaires, mais bien un repos sanctifié par la religion !.. Ainsi, allié avec la religion, le repos retire l'homme des labeurs et des soucis de la vie quotidienne, l'élève aux grandes pensées du Ciel, et l'invite à rendre à son Dieu le tribut d'adoration qu'il lui doit.

» Tel est surtout le caractère et la raison de ce repos du septième jour, dont Dieu avait fait même déjà dans l'Ancien Testament un des principaux articles de la loi : *Souviens-toi de sanctifier le jour du Sabbat,* et dont

Il avait lui-même donné l'exemple par ce mystérieux repos pris incontinent après qu'Il eut créé l'homme : *Il se reposa le septième jour de tout le travail qu'il avait fait...* En général, la durée du repos doit se mesurer d'après la dépense des forces qu'il doit restituer. *Le droit au repos de chaque jour, ainsi que la cessation du travail le jour du Seigneur, doivent être la condition expresse ou tacite de tout contrat passé entre patrons et ouvriers.* Là où cette condition n'entrerait pas, le contrat ne serait pas honnête, car nul ne peut exiger ou promettre la violation des devoirs de l'homme envers DIEU et envers lui-même. »

Voilà, rappelée par le Pape, la loi claire et formelle, loi contre laquelle notre cher pays est en révolte et qui se traduit en bon français par ceci : « Soyez chrétiens, et le CHRIST vous rendra libres. »

Le repos dominical, sans doute DIEU l'exige pour Lui, mais Il le réclame bien davantage encore pour nous, pour notre *bien social, moral, intellectuel et physique.*

Le dimanche, mais il est à la fois le jour de DIEU et le jour de l'homme !

*
* *

LE DIMANCHE OBSERVÉ. — Êtes-vous de ces chrétiens qui se réunissent à l'église aux dimanches ordinaires aussi bien qu'aux fêtes carillonnées ? Là, vous le savez, le prêtre vous instruit ou désirerait vous instruire de la religion, qui doit s'apprendre comme tout le reste. On chante à l'unisson le symbole de la Foi et des éternelles espérances : là on chante : *Sursum corda,* élevons nos cœurs, animons nos courages. Selon l'heure que DIEU a faite, on reprend en chœur, après les chantres : *Domine, salvum fac consulem, regem, imperatorem, populum, salvam fac rempublicam,* demandant le salut toujours, salut des gouvernants et salut des peuples.

Êtes-vous de ceux dont les mains se cherchent en sortant de l'église ? Prenez-vous part aux conversations qui se tiennent sous le porche et jusque sur les marches de la maison de DIEU ? Tandis que bourgeois, cultivateurs et artisans se communiquent les nouvelles de la semaine, échangent mille réflexions sur leurs affaires et sur leurs biens, la châtelaine et ses filles s'entretiennent aimablement avec les femmes du bourg, avec les paysannes venues des hameaux de la paroisse, témoignent bonne grâce et affabilité aux enfants, qui s'embrassent joyeusement sous le regard attendri des mères et des bonnes Sœurs, ces saintes filles suscitées par la divine charité.

Le dimanche observé, c'est, vous le voyez, le rapprochement des divers éléments de la société ; c'est encore la suppression du *chacun pour soi,* des haines, filles de l'égoïsme installé à tous les degrés de l'échelle sociale ; c'est, enfin, la fête hebdomadaire de la fraternité des âmes confondues dans l'amour d'un même DIEU et Père.

LE DIMANCHE PROFANÉ. — Le dimanche universellement violé, c'est, au contraire, l'insulte jetée à la face du Créateur, qui a donné l'exemple en se reposant

le septième jour ; c'est tout le monde criant à DIEU :
« Je ne t'obéirai pas ! » c'est la nation française
reniant sa noble qualité de Fille aînée de l'Église ;
c'est le Français frondeur, intransigeant, en guerre
ouverte avec les autorités humaines comme avec l'autorité divine.

Le dimanche universellement violé, c'est l'ouvrier en
antagonisme ou du moins en lutte sourde avec le patron
qui l'oblige à travailler aux heures de repos fixées par
DIEU. Ce sont, par suite, d'une part, ces tempêtes de
grèves sans merci, avant-coureurs des dévastations d'en
bas ; c'est, d'autre part, ce conflit d'ambitions et de
cupidités auxquelles se heurtent trop de parvenus.

Nous profanons le dimanche, et la guerre sociale,
allumée de tous côtés, s'attise jour par jour, heure par
heure. Des commotions aujourd'hui, demain peut-être
l'explosion, à la suite des fureurs qui sourdront de
l'abîme creusé par nos révoltes.

LE CONGRÈS INTERNATIONAL DU REPOS HEBDO-
MADAIRE DEVENU, PAR LA FORCE MÊME DES CHOSES,
LE CONGRÈS DU DIMANCHE. — Tenons-nous-en à
l'observation d'un fait qui, sur bien des points du
monde, a résisté et résiste encore à l'épreuve de l'expérience. Écoutez les cent voix du *Congrès international de 1889* : des hommes appartenant aux opinions religieuses et politiques les plus différentes ont
apporté leurs témoignages, dégagés des préoccupations
purement philosophiques ou religieuses. Tous s'accor-

dent à démontrer que le retour à l'honnêteté des
mœurs publiques dépend de l'application du précepte :

Tu travailleras six jours
Et tu te reposeras le septième.

Un seul mot va, d'ailleurs, vous résumer la physio-
nomie générale de ce congrès officiel. On voulait écarter des débats toute attache confessionnelle, et l'on
avait pris le nom de *Congrès international du repos
hebdomadaire* (1). Le Congrès a si vite tourné, et à tel
point, à la justification et à la glorification du dimanche, vous entendez bien, que, dès les premières séances,
il devenait, par la force même des choses, le *Congrès
du dimanche !*

Son programme pourtant était, par-dessus tout,
essentiellement pratique, exactement approprié à une
foule d'esprits positifs de notre temps, qui sont accessibles aux considérations dites humanitaires... Catholiques, nous reprenons ce programme dans ses lignes

1. Nous allons puiser à pleines mains parmi les procès-verbaux authentiques des travaux de la CONFÉRENCE INTERNATIONALE TENUE A BER-
LIN du 15 au 29 mars 1890, et surtout des délibérations du CONGRÈS DU
REPOS HEBDOMADAIRE *au point de vue hygiénique et social*, tenu à Paris en
septembre 1889, au cours de l'Exposition universelle :
Ministère des affaires étrangères : *Conférence internationale de Berlin,
15-29 mars 1890*. (Imprimerie nationale). — *Congrès international du repos
hebdomadaire au point de vue hygiénique et social*, tenu à Paris du 24 au
27 septembre 1889. (S'adresser à Paris, à la *librairie Guillaumin, 14, rue
Richelieu*, ou à la *librairie Fischbacher, 33, rue de Seine*, ou encore à
GENÈVE à M. E. Deluz, *secrétaire du Comité de la Fédération pour l'observation du dimanche, 19, rue de Candolle*. De format in-8°, imprimé en caractère elzévir, il a 419 pages, et coûte seulement 4 francs. Pour le recevoir
franco de port, il faut y ajouter 60 cent. pour tous les pays de l'Union postale.)

générales. Vous verrez, amis lecteurs, qu'il n'infirmera, sur aucun point, les conclusions que nous dicte la Foi.

LE REPOS HEBDOMADAIRE AU POINT DE VUE SOCIAL. — *Famille, moralité, épargne, bien-être des ouvriers, bonne entente entre patrons et ouvriers.* (Rapporteur : M. Thouverez, professeur de philosophie à Bourg ; observations de MM. Allier, professeur de philosophie à une Faculté de théologie protestante ; Cheysson, inspecteur général des ponts et chaussées ; l'abbé Garnier ; le pasteur L. Rœhrich.)

IL Y VA DE NOTRE BIEN SOCIAL. — Ouvriers, le labeur est pour vous presqu'à l'état continu. La liberté effective du dimanche, au contraire, est la mère de l'épargne : elle ne la contrarie certes pas. Logiquement conduit à respecter son travail, porté à respecter, avec sa propre personne, sa famille, l'ouvrier épargnera pour ceux qu'il aime, pour sa femme, pour ses enfants : il manifeste, par l'épargne, sa dignité personnelle, son esprit de père de famille.

L'ouvrier qui respecte le dimanche ne sera pas la proie du vice, des passions, des entraînements ; il résistera à l'attrait des « consommations immédiates » ; il songera à l'avenir, il administrera infiniment mieux son budget et saura tirer de la même somme un bien meilleur parti. Comment revoir ses comptes, comment examiner les améliorations à introduire dans son organisation, si l'on ne trouve un moment de liberté pour se recueillir ! Et où le trouveront, en dehors du dimanche, le plus grand nombre d'entre vous ? Quel autre jour, s'il vous plaît, que le dimanche, réglerez-vous, de concert avec votre femme, le bon emploi, le sage placement des économies réalisées sur les six autres jours ? Ce n'est pas le tout de gagner, n'est-ce pas, mes amis ? Vous avez souvent plus de peine, vous le savez, à « défendre » votre argent qu'à le gagner ; et, si vous travaillez sans trêve ni relâche, comment voulez-vous trouver le temps de gérer vos économies ?

Le dimanche, c'est encore la possibilité de vous procurer et de procurer à la société les avantages résultant des *associations entre ouvriers* (1). De nos jours, vous êtes trop souvent individualisés, isolés, réduits à un état contre nature : vous ressentez le besoin de vous associer ; et quel autre jour mieux que le dimanche pourrez-vous, sans compromettre votre pain quotidien, vous occuper de ces associations, en causer librement avec vos camarades, conduire vos affaires de *sociétés coopératives*, de *sociétés d'épargne*, de *sociétés de secours mutuels* ? L'individualité, l'isolement vous pèsent. Il faut vous rendre le dimanche !

*_**

IL Y VA DE NOTRE BIEN MORAL.— Tout se tient,

---

1. Un philanthrope de Birmingham, frappé des inconvénients du travail du dimanche, a fondé, il y a une trentaine d'années, des associations de jeunes gens pour la sanctification du dimanche ; il appelait cela des « écoles du dimanche ». Depuis lors, j'ai constaté d'abord que Birmingham est une ville où les ouvriers ne sont pas, en général, entrés dans ces mouvements de grèves qui se sont produits dans tant d'autres villes. J'ai rapproché cela du fait que les treize « écoles du dimanche » fondées à Birmingham se sont transformées plus tard en tout autant de sociétés d'épargne et de secours mutuels, et, parmi les membres de ces sociétés, il y en a qui ont occupé ou qui occupent encore plusieurs des premières positions dans la ville. (Exemple cité par le pasteur G. APPIA, de Paris.)

et la question sociale elle-même n'est qu'un aspect de la question morale. Vous travaillez le dimanche : que deviennent vos liens de famille ! Ils se brisent en même temps que ceux de la société tout entière. Il faut, à tout prix, qu'il y ait des jours où des êtres semblables à nous auront le droit de se conduire en véritables parents. Avec Léon XIII, nous réclamons le dimanche de l'ouvrier, non pour faire la part d'une oisiveté stérile, mais pour le rendre à sa femme, à son foyer, pour lui permettre de s'occuper de ses enfants.

C'est navrant à dire, mais la famille n'existe guère dans les milieux ouvriers. La raison en est bien simple, hélas ! Comment voulez-vous qu'ils se connaissent et s'apprécient, *ces deux époux* séparés toute la journée par leurs occupations, qui ne se rencontrent qu'après un travail souvent exagéré, et dans la mauvaise humeur de la fatigue ! Pour se connaître et s'apprécier dans leurs misérables mansardes, il faut souvent un de ces actes de dévouement dont les pères et les mères ont le divin secret. Que de révélations se sont faites devant les berceaux d'enfants malades ! Ah ! s'il y avait d'ordinaire une intimité plus réelle entre vous, répondez, mes amis, il y aurait autant d'union pour le moins dans les ménages ouvriers que dans les ménages riches, car vous aussi, vous aimez bien votre femme et vos enfants !

VOS ENFANTS. — Le dimanche est le seul jour de la semaine où l'ouvrier puisse remplir les obligations sacrées de la paternité à l'égard de ses enfants. Mais, où la vie de famille fait défaut, l'éducation peut-elle exister ? — Et j'en appelle à tous ceux qui descendent parfois aux faubourgs, à ces charitables membres des conférences de Saint-Vincent de Paul qui visitent les pauvres dans leurs douloureux taudis, — le soin des enfants n'est-il pas, en fait, pour beaucoup de nos ouvriers, comme un « luxe » auquel ils ne sauraient prétendre ? Qui peut être l'éducateur ? Le père ? Il est exténué par l'excès du travail, il ne songe qu'à prendre un repos trop court avant de retourner à la fabrique ; s'il a un moment de loisir, tout l'excite à sortir : exiguïté du logis où tous se pressent les uns sur les autres, atmosphère souvent chargée d'odeurs inqualifiables ! Et puis, c'est la fatigue, le souci qui l'énervent, le rendent hargneux... La mère sera-t-elle l'éducatrice ? Mais après avoir travaillé toute la journée à l'atelier, elle doit songer avant tout aux soins du ménage : « son homme » va rentrer et il a faim. A ce moment de hâte, de hâte malgré la fatigue, les enfants la gênent. Comment résister à la tentation de les expédier dehors, parfois à grand renfort d'arguments touchants !

Des hommes et des femmes comme nous ne pourraient jamais remplir leur sainte mission d'éducateurs ! Des haltes s'imposent dans cet écoulement de journées tristes comme une longue maladie. La vie de l'ouvrier ne doit pas être un perpétuel recommencement des mêmes souffrances. Votre réconfortant, ce sera le dimanche. Tout travailleur a droit à son dimanche, Léon XIII l'a dit, et c'est à vous-mêmes, mes amis, qu'il l'a dit ; mais il faut en faire profiter vos familles, il faut que le dimanche soit le jour de la vie domestique, il faut que, satisfaisant à ce besoin d'aimer qui est au fond de vos cœurs, vous sachiez vous dévouer pour les vôtres.

Le travail du dimanche, nous vous l'avons montré, c'est le foyer désert ; c'est pour la plupart d'entre vous le chômage du lundi et souvent la rue avec ses refuges malsains, ses plaisirs tout au moins bas et grossiers. Il n'est pas juste de nous objecter que notre sollicitude pour la famille ouvrière ne porte que sur un petit nombre d'ouvriers, parce qu'en réalité un trop grand nombre d'ouvriers parisiens ou ne se marient pas, ou se contentent de liaisons irrégulières. Fût-elle vraie, cette objection vient, au contraire, appuyer notre thèse, car le foyer domestique où le dimanche est joyeusement observé devient une école de moralité qui rend l'ouvrier meilleur (1), et l'exemple des parents réagira, à son tour, sur leurs enfants.

1. M. Rivière a victorieusement indiqué, à l'appui de cette thèse, la vie domestique, la vie de famille comme remède aux résultats néfastes de la mauvaise habitude que nous dénonçons : « Si l'ouvrier ne recherche plus la vie conjugale, c'est que, par suite du travail le dimanche, il se trouve privé de l'un des bonheurs les plus certains que cette vie pourrait lui procurer, et qu'il n'en aperçoit plus que les charges. Habitué dès son jeune âge à voir le foyer paternel abandonné par ses parents, il ne lui paraît pas utile d'en créer un nouveau pour lui-même ; il en redoute le fardeau, il tombe dans un garni où il borne, dès lors, ses désirs à la satisfaction de ses besoins matériels.

» C'est en particulier contre ce courant déplorable que nous essayons de réagir. Où la vie de famille n'existe pas, il n'y a pas de société véritable, mais seulement des agglomérations d'êtres en proie à leurs passions les plus basses, livrés à leurs pires instincts. La vie de famill ne peut prospérer qu'à l'aide du repos du dimanche. »

Un grand nombre de personnes estiment que la question du dimanche se résume, quant à présent, chez nous, dans la réforme des mœurs. Cette bonne vie de famille, source de vertus et de prospérités, il faut la rétablir parmi vous : c'est la plus urgente et la principale de toutes les réformes, celle-là ! Prenez donc votre légitime part des saines joies, des véritables amusements du dimanche ; faites,ce jour-là, des promenades et des causeries en famille, prenez vos repas en famille et, en faisant ainsi acte de bon sens et de haute moralité, vous ferez en même temps, mes amis, œuvre de grands économistes !

Et puis, le lendemain, vous reprendrez vos travaux avec courage pour la semaine. Quand on sent derrière soi une femme qu'on aime, trois ou quatre enfants dont on a reçu des caresses, cela met du cœur dans la poitrine et de la force dans les bras.

CRIMINALITÉ CROISSANTE DEPUIS DIX ANS. — Et maintenant, voulez-vous savoir, a dit l'abbé Garnier, le débordement de vices, le déchaînement de scandales qui désolent notre société depuis dix ans, c'est-à-dire depuis que la République a supprimé la loi de 1814 sur l'observation du dimanche ?

Depuis dix ans, nous avons une augmentation de la criminalité qui s'étend de 172,000 à 203,000 et surtout des *criminels précoces*. Depuis trois ans, le nombre de ceux qui n'ont pas 20 ans a passé de 23,000 à plus de 29,000. Le nombre des récidivistes s'est élevé en 10 ans de 62,000 à 85,000. Au sujet de l'alcoolisme nous avions, comme chiffre moyen de dépense d'alcool, un litre et demi par habitant ; aujourd'hui nous atteignons quatre litres ;

quant aux suicides, nous allons de 5,200 à 8,300 ; le nombre des assassinats a augmenté presque d'un quart, et nous y trouvons des détails de férocité qui font frémir ; le nombre des mariages a diminué de 8,000, quoique la population ait augmenté, et dans la seule année 1888 le nombre des divorces ou des séparations de corps atteint presque 8,000. — Je pourrais continuer l'énumération de ces chiffres. Malheureusement, ils sont tous également concluants et accablants. Le nombre, du reste, des cas de famine, de détresse, engendrant la mort, d'après la même statistique, s'est élevé dans une grande proportion. Cette situation est épouvantable, et c'est précisément depuis dix ans qu'elle s'est aggravée.

Voilà ce que révèlent les statistiques criminelles ! Terribles conséquences qui feraient réfléchir les adversaires du dimanche, s'ils n'étaient pas les francs-maçons qu'ils sont !

Et les suicides d'enfants de moins de vingt ans, accomplis dans ces derniers temps ! Depuis dix ans, ils ont augmenté de 141 à 200.

Témoignage de M. Jules Simon a la Conférence de Berlin. — Parlant de la famille, M. Jules Simon montrait, à la Conférence de Berlin, comment le travail continu détruit ce lien sacré sur lequel repose la société : « Jamais, ajoutait-il, l'esprit de famille n'a été plus menacé, et jamais il n'a été plus nécessaire qu'aujourd'hui... Que, le dimanche, la famille jouisse de son chef et de son bon ange qui est la mère. Ce n'est pas seulement l'ouvrier qui profitera de cette institution bienfaisante, c'est la société humaine tout entière. » C'était parler en philosophe, comme il le rappelait lui-même au Sénat le 16 juillet dernier, en renouvelant la défense du dimanche.

Un langage aussi sensé reste sans aucun effet sur des assemblées qui ont mandat de protéger nos intérêts de toute nature. C'est une honte pour la France entière, mais le Sénat et la Chambre des députés nous ont depuis longtemps habitués à sacrifier les esprits raisonnables à leurs passions libre-penseuses !

****

IL Y VA DE NOTRE BIEN INTELLECTUEL. — Les dimanches seraient, nous venons de le voir, les plus puissants instruments de bonheur. Ils sont aussi les plus puissants des médecins : par les jeux physiques et intellectuels, par la fréquentation de bons amis, ils développent la moralité ; quelque livre intéressant, — cet autre ami qui nous permet de nous arrêter et de reprendre la conversation à notre guise, — voilà encore un élément qui concourt à notre retrempe morale. Se récréer honnêtement, c'est parfois se régénérer.

Dépourvus de la liberté du dimanche, pauvres êtres mutilés, que feriez-vous de cette âme qu'un païen appelait la meilleure partie de nous-mêmes ? N'y a-t-il donc en vous que des muscles qui font effort et n'êtes-vous rien autre qu'un appareil digestif ? Tout est-il dit pour vous quand l'estomac est rempli ? N'y a-t-il pour vous rien au-delà de la vie matérielle, de ses besoins périodiques et de son humiliante tyrannie ? Mais non, l'homme ne vit pas seulement de pain. Il vit encore de vérité, d'intelligence, de sentiments. Un instinct sublime, plus fort que tous les sophismes, lui persuade, au moins dans les épreuves de la vie, de faire monter son regard au-delà de nos étroits horizons. En un mot, il a des besoins d'âme et de cœur, et on ne dit pas trop en affirmant qu'il a faim et soif de l'infini. Sans doute, nous devons soigner notre machine humaine, mais il y a aussi une hygiène de l'âme !

Qui de nous n'a éprouvé, à la suite d'une semaine laborieuse, une impression de fatigue et d'épuisement allant jusqu'au dégoût des occupations qui nous paraissaient les plus attrayantes ! Le travail de la semaine, si l'on ne s'affranchit jamais, ébranle les nerfs, émousse les sens et, à la longue, atrophie l'intelligence.

TÉMOIGNAGES DE M. GLADSTONE ET DU PRÉSIDENT DE LA RÉPUBLIQUE DES ÉTATS-UNIS. — Interrogez les vieillards qui, après avoir consacré leur existence aux plus rudes travaux de la pensée, étonnent les générations plus jeunes par la lucidité de leur intelligence et la sûreté de leur esprit : ils vous diront tous, comme M. Gladstone l'écrivait, non sans quelque fierté, au président du Congrès de 1889, qu'ils doivent la conservation de leurs facultés au soin qu'ils ont toujours pris d'observer le repos du dimanche.

Laissez-moi vous citer encore un éclatant hommage rendu tout récemment (1) au dimanche par le président de la république des États-Unis, au cours de son voyage dans les Montagnes-Rocheuses.

1. Le dimanche 10 mai 1891, à Glenwood-Springs (Colorado).

Ma vie a été une vie de labeur. Depuis mon adolescence jusqu'à l'heure présente, tout mon temps a toujours été absorbé. J'ai subi la pression des exigences de ma profession. J'ai subi la pression des campagnes politiques et celle des fonctions publiques. Et cependant, dans toutes ces diverses conditions, au milieu de toutes ces préoccupations, j'ai toujours trouvé, simplement au point de vue physique et abstraction faite des aspects religieux de la question, que je produisais *plus d'ouvrage en travaillant six jours qu'en travaillant sept.*

Je crois que vous trouverez la même chose.

Comme institution civile, le repos du dimanche est un bien pour l'homme. Mais *ce n'est pas seulement un bien, c'est aussi un droit pour le travailleur.*

L'homme a besoin d'un jour pour penser à sa famille, pour penser à lui-même, pour penser aux choses qui ne sont pas matérielles, mais spirituelles.

*****

IL Y VA DE NOTRE BIEN PHYSIQUE. — A quoi vous sert-il, ouvriers, de vous acharner au travail sans relâche? Vous ne voyez donc pas que vous aboutissez ainsi aux excès de fatigue, à la décadence physique, à la dégradation intellectuelle et morale? Tout comme le mouvement perpétuel, le mouvement perpétuellement ininterrompu n'est qu'une chimère !

Rien ne peut remplacer le jour du repos, pas même le sommeil, pas même la nourriture la plus fortifiante : des professeurs d'universités l'ont scientifiquement démontré au Congrès de 1889, et, d'ailleurs, vous l'avez cent fois éprouvé par vous-mêmes. Ouvriers de fabriques, avez-vous la ressource, comme le laboureur ou même comme beaucoup d'artisans, d'adapter l'intensité et le genre de votre travail à vos dispositions corporelles du moment ? — Évidemment non ; dans les usines, les chantiers de constructions, voire même les services publics, vous n'êtes qu'une roue, et cette roue doit tourner avec une vigueur toute mécanique jusqu'à l'heure fixée. Comme conséquence, il est indispensable de vous refaire par la récréation, par le repos, et aussi par une nourriture plus substantielle que ne le permet ordinairement votre salaire.

A défaut de ces éléments de réfection, vous recourez trop souvent à l'eau-de-vie.

PROCÈS DE L'EAU-DE-VIE. — *L'eau-de-vie*, le plus dangereux ennemi des santés, vous l'absorbez souvent avec entrain, mes pauvres amis. Elle vous fait momentanément oublier les misères de votre vie monotone, — du moins c'est votre prétention ; vous lui attribuez, bien à tort, le pouvoir de réparer momentanément vos forces.

L'eau-de-vie, elle ne vous fait pas perdre seulement la demi-journée de repos, déjà trop insuffisante, à laquelle vous vous voyez souvent réduits : elle vous conduit encore au « lundi bleu », c'est-à-dire à l'envers de la vraie fête de famille ; vos femmes ne le savent que trop, et vous le prouvez de reste par une absence totale de propreté, de calme, de préoccupations morales !

L'eau-de-vie vous entraîne au cabaret : et le cabaret vous entraîne, vous, à l'alcoolisme, plonge votre famille dans la misère et la ruine ! Car, n'allez pas soutenir qu'en allant au cabaret, vous ne faites de mal qu'à vous-mêmes ! les lois de l'hérédité — on l'a maintes fois observé — sont de celles auxquelles il est impossible de se soustraire. Sachez bien que l'abus de cette eau-de-vie, prétendue innocente, et d'ailleurs habituellement falsifiée par de nombreux empoisonneurs, vicie tout l'organisme de vos enfants, en compromet la santé physique et jusqu'à la santé morale !

****

LES STIMULANTS D'UN HONNÊTE HOMME ET LE TÉMOIGNAGE DE PROUD'HON.— La liberté et la douce gaieté du foyer domestique, la joie naïve de votre jeune troupe d'enfants, les promenades du dimanche en famille, la messe entendue, de saines distractions en compagnie de bons amis, une nourriture intellectuelle véritable, des séances publiques sur des sujets intéressants à la fois pour votre esprit et pour votre cœur, voilà ce qu'il vous faut ! Ce sont les dignes excitants, les vrais stimulants d'un honnête homme !

Il n'est pas jusqu'au *bien-être* sur lequel le dimanche n'exerce son influence salutaire. Le bien-être est un des aspects de la moralité ; il doit être pénétré d'art et de vertu ; il est humain ; il réjouit ceux qui le possèdent ; il n'est pas notre fin, sans doute, mais il est le plus ordinairement un indice de moralité. Le bien-être apaise vos esprits, il vous fait aimer l'ordre public : à ce titre, il est un gage de la paix sociale.

Le fameux révolutionnaire Proud'hon nous apporte un appoint bien imprévu. Ce logicien à outrance s'est trouvé amené par ses grandes connaissances physiologiques à tirer, au point de vue hygiénique, la conclusion même à laquelle conduisent la Foi et la raison :

« La nécessité d'un jour de repos sur sept, a-t-il dû conclure, est écrite dans la nature même de l'homme. Il est évident pour moi que cette loi a été édictée par Celui-là même qui, étant l'auteur de la constitution du corps humain, en connaissait à fond les ressources et les exigences. »

*
* *

Voici les principales résolutions adoptées à la suite des rapports de M. le docteur Hœgler, de Bâle, et de M. Thouverez :

Il est du devoir de tous ceux qui reconnaissent l'importance du repos hebdomadaire, de créer et d'entretenir dans l'opinion publique, par tous les moyens en leur pouvoir, la conviction des avantages multiples qui résultent, pour les forces, la santé et la moralité, d'un jour régulier de repos, judicieusement employé.

Le minimum de loisir qu'en principe un homme devrait avoir, est d'un jour par semaine. Nous entendons par là le dimanche, *car ce qu'il faut à l'homme, ce n'est pas un jour de désœuvrement isolé, mais de véritable communion morale avec ses semblables.*

Le repos hebdomadaire, assurant l'intimité des époux et les rapprochant de leur famille, favorise l'union morale des ménages et l'éducation des enfants.

Le repos hebdomadaire, arrachant l'homme aux servitudes matérielles, lui permettant la libre réflexion et les aspirations supérieures, le fait passer du rang de chose ou de machine à celui de personne ; il est donc, par lui-même, principe de progrès moral pour l'individu et la nation.

Les conséquences morales du repos hebdomadaire ont un contre-coup économique : l'épargne et, par suite, le bien-être.

L'établissement du repos hebdomadaire, comme toute mesure de justice, contribuera à la paix sociale. En attendant le jour où il pourra être assuré à tous, les preuves de dévouement désintéressé fournies par les défenseurs du droit au repos, contribueront à dissiper les malentendus funestes qui alimentent l'antagonisme social.

§ 2. — Le dimanche et l'industrie.

LE REPOS DU DIMANCHE, MOYEN DE PRODUIRE
MIEUX, DAVANTAGE ET PLUS LONGTEMPS. — Tout
travailleur a droit à son dimanche, c'est affaire entendue. Nous venons d'en rappeler les motifs religieux, d'en
présenter les avantages sociaux et moraux, d'en donner
les principales raisons d'hygiène intellectuelle et physique : toutes considérations bien propres à fortifier nos
volontés, car la question dominicale, comme toutes les
autres, demande surtout de la bonne volonté, une
bonne volonté à toute épreuve.

Nous qui comprenons votre dignité d'hommes, nous
allons examiner avec vous, mes bons amis les ouvriers,
profession par profession, les différents cas dans lesquels il est possible de diminuer ce travail, prétendu
nécessaire, du dimanche, les moyens de remédier plus
ou moins complètement à cette plaie qui fait tant de
victimes dans les classes populaires.

Jusqu'ici, nous vous avons dit : « Travailleurs, vous
avez besoin du dimanche pour vous élever au-dessus
des choses purement matérielles, pour fortifier vos
âmes par la contemplation des éternelles vérités ; vous
ne vivez pas de pain seulement. » Nous ajoutons main-

tenant, — et nous allons le prouver par des déclarations de patrons, de chefs des grandes industries de France et des pays voisins : — « Vous avez besoin du repos du dimanche pour réparer vos forces, pour produire mieux, davantage et plus longtemps. »

****

Vous me permettrez bien, MM. les chefs d'industrie, de vous proposer une comparaison, de dénoncer un douloureux exemple à ceux d'entre vous, patrons, qui, faisant travailler sans relâche le dimanche, ne se donnent à eux-mêmes ni trêve, ni repos, et dont le système de travail excessif mine irrémédiablement la santé.

LE REPOS HEBDOMADAIRE ET L'INDUS-TRIE EN GÉNÉRAL. — *Enquêtes faites, avantages économiques, résultats obtenus, conclusions.* (Rapporteur : M. J. Pagny, industriel à Bruxelles.)

Patrons prisonniers de leur industrie. — Les chefs d'industrie, les employeurs qui imposent à leurs ouvriers un travail sans relâche, s'imposent le plus souvent à eux-mêmes ce joug forcé. Ils sont, — pardonnez-moi cette comparaison, — comme ce soldat légendaire qui crie à son capitaine : « J'ai fait un prisonnier ! — Amène-le, dit le chef. — Mais, répond le soldat, je ne puis pas, c'est lui qui me tient. »

Les chefs d'industrie qui ne chôment pas le dimanche sont les prisonniers de leur industrie.

Nous vous avons donné la comparaison, passons à l'exemple :

Surmenage des patrons. — Je ne puis oublier une visite faite, il y a bien des années déjà, — cite encore le rapporteur, — à un grand industriel de mes amis, un de ces travailleurs infatigables qui jadis ne s'était accordé aucune relâche pour étendre ses affaires. Il y avait réussi et comptait alors parmi les principaux fabricants du pays. J'arrivai chez lui le soir, et, traversant une suite d'appartements pour parvenir jusqu'au cabinet de travail où il se tenait, je l'entendis me crier : « Venez, venez, mon cher ami, mais je ne puis aller au-devant de vous. » En effet, quoique jeune encore, il était miné par l'excès du travail et des préoccupations ; il ne pouvait plus quitter son fauteuil. Je n'oublierai jamais avec quel mélancolique sourire il me dit en me serrant la main : « Voilà, mon ami, on travaille comme un nègre pour faire sa fortune, et, quand elle est faite, on n'a plus de santé pour en jouir ! »

*
* *

Abordons maintenant, mes amis, les faits attestés en faveur du repos dominical par un grand nombre d'industriels ; raffineurs, métallurgistes, constructeurs, filateurs, fabricants de papier, imprimeurs, verriers, etc., de France, d'Alsace-Lorraine, de Belgique et de Suisse ont multiplié des dépositions parmi lesquelles nous ne relevons que les principales. Faites-moi l'amitié, je vous prie, de les donner à lire autour de vous.

RAFFINERIES de SUCRE.

Un de mes amis me proposa, il y a bien des années, de m'associer à lui pour fonder, près de Bruxelles, une raffinerie de sucre. Nous nous mîmes aussitôt à l'œuvre, après nous être assuré le concours d'un directeur expérimenté et d'un contre-maître. A mes premières réclamations contre le travail du dimanche, le directeur objecta qu'il était absolument nécessaire dans la raffinerie. « Nous avons dans les filtres, continuait-il, des solutions sucrées qui entreraient en fermentation si le travail était interrompu un jour. Nous avons les feux à revivifier le noir animal, dont la marche ne peut être un moment suspendue. »

J'étudiai, l'une après l'autre, les objections qui m'avaient été faites. En ce qui concerne la clarification du sucre, j'augmentai, le samedi, l'alcalinité et la densité des solutions sucrées à filtrer ; je réglai, au soir de ce jour, les robinets des filtres, de manière que l'émission des liquides filtrés fût en rapport avec la capacité des réservoirs alimentaires des filtres ou de l'appareil à cuire dans le vide. De cette façon, la filtration continuait sans interruption et automatiquement, jusqu'à la reprise du travail le lundi suivant. Quant à la revivification du noir, elle fut aussi et a été dès lors interrompue dans la nuit du samedi au dimanche. Le feu est éteint, les cornues sont vidées, le séchoir est garni de noir lavé et encore humide, qui y sèche lentement jusqu'au lundi matin. Le nettoyage et l'entretien de l'outillage se fait quotidiennement pendant les heures des repas, et si une réparation est devenue nécessaire, elle est entreprise immédiatement, mais ne se fait jamais le dimanche.

Bref, en très peu de temps et continuellement depuis, le travail, dans ma raffinerie, a cessé de grand matin le dimanche, après que tout a été nettoyé et mis en ordre, et l'usine reste fermée jusqu'au lundi matin.

La paye se fait chez moi, le vendredi, à 4 heures du soir. Une demi-heure est accordée aux ouvriers pour porter leur argent à la maison. Ainsi la femme peut faire le lendemain, le samedi, les achats et les préparatifs nécessaires pour avoir un intérieur propre et agréable le dimanche. Mon usine et mes bureaux sont absolument fermés le dimanche. La correspondance adressée à ma maison n'est ouverte que le lundi matin à 7 heures. Construite et aménagée en vue d'une production annuelle de 1 million de kilogrammes de sucre au maximum, mon usine a pu, malgré le repos du dimanche, produire jusqu'à 5 millions de kilogrammes. En outre, *mes ouvriers sont heureux et jouissent d'une excellente réputation.*

Ch. GRÆFFE *et* Cie, *à Molenbeek-Saint-Jean, Bruxelles.*

SOCIÉTÉS de CONSTRUCTIONS, MAITRES
de FORGES, etc.

Autrefois, il était d'usage de travailler dans l'usine de M. Henri Satre, constructeur-mécanicien à Lyon, au moins une demi-journée le dimanche ; mais par contre, 60 à 70 o/o des ouvriers chômaient le lundi, et la moitié environ de ce nombre manquait encore le mardi.

Par suite de la suppression complète du travail du dimanche, le nombre des ouvriers bambocheurs a considérablement diminué ; et, au bout de très peu de temps, M. Satre a pu constater que les fêteurs de la St-Lundi ne représentaient plus qu'une proportion de 1 à 2 o/o.

A l'époque où l'on travaillait le dimanche, 20 à 25 ouvriers pour 100 étaient sous le coup de saisies-arrêts pour dettes contractées chez les fournisseurs ; depuis l'application de son nouveau règlement, M. Satre a eu la satisfaction de voir à peu près disparaître les saisies sur les salaires des ouvriers. Je crois même qu'aujourd'hui ce fléau a complètement disparu.

J.-M. LANGERON,
représentant de la Compagnie des mines de Blanzy.
(Saône et Loire.)

Nos laminoirs occupent 1500 ouvriers. Lorsque nous avons commencé à fabriquer le fer, il y a de cela vingt-trois ans, nous avons suivi l'usage général du pays, qui était de travailler au laminoir deux semaines consécutivement ; on arrêtait pendant 36 heures, une fois tous les 15 jours seulement. Ce système, extrêmement ruineux pour la santé de tous, présentait aussi de graves inconvénients pour le bon entretien des appareils et des fours à puddler en particulier. La seconde semaine était bien moins bonne que la première ; on faisait moins de travail et le travail était moins bien fait.

Au bout d'environ trois ans, nous avons cherché à améliorer cette situation ; nous avons essayé l'arrêt du dimanche matin jusqu'au lundi matin ; cela faisait 12 h. de plus d'arrêt par quinzaine . Chose singulière, *la production n'a pas sensiblement diminué, à cause d'une moindre fatigue chez l'ouvrier et du meilleur entretien des fours.*

Nos semaines de travail se composaient de six jours pour les ouvriers de jour et de six nuits pour ceux de nuit, mais, évidemment, le travail de nuit est plus fatigant que celui de jour. Développant cette expérience, nous avons supprimé le travail de la nuit du samedi au dimanche, de telle sorte que les semaines se sont composées, pour les ouvriers de jour, de six journées de 12 h. et, pour ceux de nuit, de cinq nuits de 12 h., les uns alternant avec les autres d'une semaine à l'autre.

Évidemment, c'était un système bien meilleur pour l'ouvrier, au point de vue physique et au point de vue moral, car, en arrêtant le samedi soir, l'ouvrier pouvait se reposer dans la nuit du samedi au dimanche et était libre tout le dimanche. Nous avons constaté de nouveau que, *malgré cet arrêt de 12 h. par semaine de plus, la production est restée très sensiblement la même ;* la *diminution* est *extrêmement petite*, de telle sorte que nos ouvriers ont toujours touché à peu près le même salaire à une différence insignifiante près, et cela en jouissant de beaucoup plus de repos. *Il y a quinze ans environ que nous pratiquons ce système, et nous n'avons qu'à nous en louer.*

Alex. SÉPULCHRE,
directeur de la Société métallurgique de Vezin-Aulnoye,
à Maubeuge (Nord).

1° L'industrie que nous exerçons est celle de la grosse construction métallique, ponts, charpentes, réservoirs, matériel fixe et roulant pour chemins de fer.

2° Le repos du dimanche est d'usage pour les ouvriers de nos usines ; il n'y a d'exception que dans les cas d'une extrême urgence.

3° Nous n'avons jamais remarqué que cette pratique du repos dominical eût entraîné le moindre inconvénient.

4° L'appréciation des résultats du repos hebdomadaire n'a pas été pour nous, jusqu'ici, l'objet d'une étude spéciale, mais il est de fait que *nos ouvriers, animés du meilleur esprit, sont restés sourds aux excitations du dehors et complètement étrangers à tous les mouvements grévistes qui se sont produits.*

La Direction générale de la Société internationale de construction et d'entreprise des travaux publics, à Braine-le-Comte (Belgique).

Il est de règle dans notre établissement de ne pas travailler le dimanche. Ce jour entier de repos, revenant périodiquement, nous semble non seulement nécessaire à la santé de l'ouvrier, à l'entretien de ses facultés et de ses forces, mais très utile pour maintenir l'ordre dans l'établissement, pour y faire régner un bon esprit parmi les ouvriers et de bons rapports entre eux et leurs patrons. Une condition essentielle pour cela est que l'ouvrier conserve sa dignité, et rien n'y contribue davantage que de lui assurer, un jour par semaine, sa complète indépendance.

SAUTTER, LEMONNIER et Cie, *constructeurs de phares et d'appareils électriques, à Paris.*

Le résultat du repos du dimanche, c'est un meilleur entretien des appareils, la diminution des causes d'accidents et la régularité dans la fabrication. En outre, il faut signaler comme avantages la conservation des forces, de la santé, et la possibilité de remplir ses devoirs religieux.

H. ANDRÉ, *maître de forges, à Cousances (Meuse).*

FILATEURS.

Depuis vingt ans que j'ai fait fermer nos ateliers le dimanche, sans les ouvrir une seule fois ce jour-là, *j'ai vu la prospérité s'accroître dans ma maison au point qu'ayant une industrie avec 4 ou 5 ouvriers, j'en occupe aujourd'hui de 1,200 à 1,400.* Je rends grâces à DIEU de m'avoir inspiré cette pensée, car je fais aujourd'hui de brillantes affaires. Le patron qui ne fait pas travailler le dimanche donne un bon exemple, et rend un service éminent à l'ouvrier vis-à-vis de DIEU, de la famille et de la société.

GILLET et fils, *usines de teinturerie de soies,*
à Serin, près Lyon.

Le repos du dimanche est la base de la marche régulière de notre industrie de la broderie et de la fabrication des mousselines. Ce repos nous est indispensable pour conserver la vigueur du corps et soutenir la concurrence de l'étranger. Broderies et tissages occupent dans nos environs 30,000 personnes. Nos églises sont bien fréquentées. Un fabricant qui voudrait faire travailler le dimanche ne trouverait pas d'ouvriers ; le chômage du lundi nous est inconnu. Quoique très occupés pendant la semaine, nos ouvriers et ouvrières ne sont pas abrutis du tout. Ils ont du goût pour leurs vêtements, pour la promenade, pour le chant. Nous perdrions notre position éminente comme peuple industriel, si nos ateliers s'ouvraient le dimanche, et *nulle part sur le continent européen l'observation du dimanche n'est aussi stricte que chez nous, nulle part non plus il n'y a une entente plus cordiale entre ouvriers et patrons.*

STEIGER et Cie, *fabricants, à Hérisau (Suisse).*

FABRICANTS de PAPIER.

Le repos du dimanche, dans notre industrie, est le seul moyen de parer à l'avilissement des prix, qui diminuent sans cesse à cause d'une production qui dépasse les besoins de la consommation. Par l'adoption de certaines combinaisons (primes sur la fabrication, etc.), les ouvriers attachés aux papeteries qui ne travaillent pas le dimanche retirent les mêmes salaires que par le passé, et même des salaires supérieurs. A tous égards, ils sont satisfaits de la cessation du travail le dimanche : nous souhaitons qu'elle se généralise.

JOHANNOT et Cie, *fabricants de papier, à Annonay (Ardèche).*

Pendant quarante ans que j'ai été à notre fabrique de papier, nous n'avons jamais fait travailler le dimanche que pour les réparations urgentes. La seule cause qui fasse fabriquer du papier le dimanche, c'est l'amour du gain. En laissant ce jour à l'ouvrier, il est plus gai et mieux disposé pour le travail pendant la semaine ; cela est aussi plus avantageux pour sa vie de famille. *Les patrons qui comprennent bien leurs intérêts payent leurs ouvriers convenablement, pour qu'ils puissent vivre le dimanche sans travailler; de cette manière ils se les attachent, et les ouvriers leur font plus d'ouvrage et de meilleur ouvrage que si on les oblige au travail du dimanche.* Ceux qui, en France, ne font pas travailler dans leurs papeteries le dimanche, assurent qu'ils s'en trouvent mieux que s'ils le faisaient.

G.-M. LAMBELET, *ancien directeur de la fabrique de papier de Serrières, près Neuchâtel (Suisse).*

En Alsace, les papeteries ne travaillent pas le dimanche. Notre usine marche mieux et produit plus depuis que nous l'arrêtons le dimanche. Les papeteries anglaises et les écossaises chôment aussi le dimanche et gagnent plus d'argent que certaines papeteries françaises qui s'obstinent à continuer le travail du dimanche.

ZUBER, RIEDER et Cie, *papetiers, à l'île Napoléon, près Mulhouse (Alsace).*

IMPRIMEURS.

Il est incontestable que le repos du dimanche est avantageux aux ouvriers imprimeurs sous le rapport de la santé. Dans cette industrie, les maladies des voies respiratoires sont fréquentes et il est d'autant plus nécessaire de respirer un bon air le dimanche. *La qualité du travail est meilleure depuis que la loi sur les fabriques a aboli chez nous le travail du dimanche dans les imprimeries.*

JENT et REINERT, *imprimeurs du* Bund, *à Berne.*

Dans notre établissement, qui occupe de 80 à 90 personnes pour l'imprimerie, la lithographie, la reliure, etc., on ne travaille jamais le dimanche. *Un jour de repos par semaine est absolument nécessaire dans notre industrie pour ne pas nous épuiser préma-turément.* Continuez courageusement l'œuvre que vous avez commencée ; elle produira de bons résultats.

Gustave KAUFMANN, *pour la maison Ernest Kaufmann,*
à Lahr (Baden).

VERRERIES et CRISTALLERIES.

1° Le repos du dimanche est pratiqué à Baccarat d'une façon aussi absolue que possible. Il ne reste à l'atelier que les hommes chargés de l'entretien des feux.

2° Cette pratique est très ancienne et tellement dans les habitudes que je ne saurais faire de comparaison avec un état différent. *Mais elle est certainement excellente, tant au point de vue matériel qu'au point de vue moral.* On y perd, pour le travail des verriers, une journée de combustible brûlé en pure perte ; mais il faut tenir compte que le repos que les ouvriers ne prendraient pas ainsi en masse, ils devraient le prendre en détail, ce qui désorganiserait les équipes d'une façon très nuisible à la production. Le repos du dimanche n'exige pas autre chose que l'entretien des feux en l'absence des ouvriers.

La Direction de la Compagnie des cristalleries de Baccarat
(Meurthe-et-Moselle).

Généralement on travaille le dimanche dans l'industrie de la verrerie et de la cristallerie. En ce qui nous concerne, nous cessons tout travail ce jour-là, sauf l'entretien des feux, de sorte que notre consommation de charbon et nos frais généraux sont les mêmes que les jours de travail. Nous sommes heureux physiquement et moralement de nous reposer le dimanche, *L'union et la moralité existent dans les ménages de nos ouvriers.* Nous avons commencé notre industrie sans aucune fortune et aujourd'hui nous sommes propriétaires de notre usine et, matériellement parlant, aussi prospères que ceux qui croient devoir travailler le dimanche. Dans les temps de crise, nous avons même toujours pu occuper tout notre personnel, qui est ordinairement de 200 ouvriers.

> AMIABLE, LOUVET et Cie, *propriétaires de verreries,*
> *à Chênée (Belgique).*

DIVERS.

Sauf de rares individualités, j'ai observé que *les ouvriers qui travaillent le dimanche sont le moins à leur aise, car ils se prévalent de ce prétendu travail supplémentaire pour se choisir certains jours de bamboche.* Le repos du dimanche fortifie l'union conjugale ; il attache les parents aux enfants et les enfants aux parents.

> AVONZINI, *directeur de la fabrique de chaux, ciment et tuiles,*
> *à Crest-sur-Villeneuve (Vaud).*

Nous pourrions ajouter plus de vingt autres témoignages, notamment ceux d'industriels de Mulhouse et du bassin de la Loire, dont le poids s'ajouterait à tant de déclarations si décisives.

****

DÉPOSITIONS OUVRIÈRES.

Mais il me semble apercevoir plusieurs d'entre vous, hommes du peuple nos amis, qui ne sont pas encore convaincus : « Tout cela est bel et bien, disent ces récalcitrants au repos dominical,— ils ne m'en voudront pas du qualificatif, j'espère ! — mais ce sont tous patrons qui tiennent ces propos-là ! » Et : « Foin des déclarations des patrons : il n'en faut plus ! » ajoutent-ils assez haut pour être distinctement entendus.

Je réponds, — car il faut être toujours courtois,

même avec ceux qui prétendent qu'*on la leur baille belle* : — Qu'à cela ne tienne ! Faites-moi le plaisir, alors, de lire les dépositions d'autres hommes de votre condition ; écoutez des ouvriers comme vous, qui dénoncent comme une cause de désordres et d'ivrognerie le travail du dimanche.

Le travail du dimanche n'est pas recommandable. Il augmente l'ivrognerie. L'ouvrier travaille la bouteille à côté de lui, et, partant, le travail est mal exécuté. *Romain Billet, tisserand, à Gand. Procès-verbaux des séances d'enquête.* Vol. II. B. 1262.

Le travail du dimanche est une cause de pertes et une occasion de plaisir. On est en route ensemble : on a un peu d'argent et on le dépense. *Vandezande, deuxième délégué de l'Association des peintres en équipages.* B. b. 705.

Le travail du dimanche ne rapporte rien de bon à l'ouvrier. Il arrive alors qu'il ne travaille pas le lundi. *Van Trimpont Yvon, menuisier aux voies et travaux des chemins de fer de l'État.* C. 15.

Ces dépositions-là sont consignées tout au long dans les dernières enquêtes, si remarquablement conduites, sur la condition de la population ouvrière en Belgique (1).

Le moment est venu de prendre corps à corps certaine objection très spécieuse : *Le repos dominical serait-*

---

1. Nous renouvelons ici l'indication donnée, dans notre *Croisade du Dimanche*, d'une brochure de propagande protestante intitulée le *Dimanche des ouvriers*, qui offre le récit de plusieurs expériences personnelles, notamment celles d'ouvriers typographes de Genève et de Paris, d'un cultivateur du Gard : *Un dimanche de ma vie,* — *Madeleine ou le jour du repos,* — *Le père Simon ou les bienfaits du jour de repos,* — *Réponse de Joséphine Fraissinet, couturière,* etc.

il impraticable pour les ouvriers d'usines et d'établissements à feu continu ?

Quelques industries à feu continu déclarent impossible de rendre, le même jour, tout le personnel à la liberté ; il est juste, ajoute-t-on, que ceux qui ont dû rester au travail pendant que les autres se reposaient puissent, à leur tour, se reposer pendant que les autres travaillent. Le repos ne pourra donc être uniforme pour beaucoup d'ouvriers, et spécialement pour les ouvriers d'usines et d'établissements à feu continu ! — Bien des témoins invoqués ont déjà fourni les principaux éléments de la réponse : M. A. Sépulchre (1), l'industriel de Maubeuge, notre ami, affirme que son exemple est maintenant suivi. Ajoutons qu'une société voisine vient d'établir le même système, qui, du reste, est appliqué dans de grands établissements du Nord ; renvoyons, pour le surplus, aux études publiées dans le *Repos du Dimanche*, par M. A. Gibon (2), ancien directeur des forges de Commentry, « dont les assertions sont appuyées, soit sur une longue expérience personnelle, soit sur les témoignages autorisés de ses collègues. »

Déterminés à agir en esprits pratiques et sensés, à faire la part de toutes choses, nous servirions mal la

---

1. Les métallurgistes consulteront avec intérêt deux travaux courts et concluants : *Le repos du Dimanche dans les forges et laminoirs*, par ANDRÉ, maître de forges, et *Le repos du Dimanche dans les laminoirs à fer*, par Ernest MOREL, ingénieur civil, directeur des laminoirs de la société de Vezin-Aulnoye, à Maubeuge.

2. Voir *Le repos du Dimanche et l'industrie*, articles publiés dans le *Repos du Dimanche*, bulletin catholique mensuel. (Livraisons de juin, juillet, octobre, décembre 1890 ; janvier, avril et octobre 1891.)

cause dominicale, nous le savons, en nous abandonnant à quelque exagération. Et, comme la sagesse des nations enseigne que nul n'est prophète en son pays, examinons, toujours à la lumière des travaux du Congrès de 1889, comment les Anglais et les Américains de l'Amérique du Nord procèdent dans les industries à feu continu, telles que la métallurgie et la verrerie. Pourrions-nous, sans légèreté, récuser l'exemple de peuples qui disposent d'une richesse industrielle sans rivale ?

M. Bagnall de Wolverhampton a dit, dans un rapport présenté à une Commission du Parlement anglais : « Il y a deux ans que nous avons cessé la fonte de fer le dimanche, et nous avons produit plus de fer dans ces deux années qu'auparavant. » Sept ans après, M. Bagnall écrit : « Nous avons fondu plus de fer que jamais, et nos six fonderies ont toutes éprouvé beaucoup moins d'accidents et d'interruptions qu'auparavant dans une période d'égale durée. »

Voici un autre fait : Vers 1880, un savant allemand de grande valeur, dont le nom est bien connu, M. Siemens (l'un des deux frères de ce nom), établit à Swansea, dans la partie sud du pays de Galles, une fonderie d'acier avec toutes les idées modernes importées d'Allemagne, y compris le travail du dimanche. Au commencement, les ouvriers gallois se plaignirent beaucoup de la perte de leur dimanche ; un grand nombre d'entre eux se refusèrent tout à fait de travailler ce jour-là, préférant perdre leur gagne-pain. Cependant, pour le moment M. Siemens triomphait : sa fabrique d'acier marchait tous les trois cent soixante-cinq jours de l'année. Une première, puis une seconde année s'écoulent, mais bientôt une faillite complète a été déclarée. La fonderie est restée fermée depuis lors.

En Amérique comme en Angleterre, le travail des verriers se suit plus régulièrement qu'en Belgique et en France. En Angleterre, avec les fours à bassins, on arrête, le dimanche, les verreries. En Amérique, on construit des fours du même modèle. Dans ces deux pays, les verriers, comme les autres ouvriers, ont fini leur semaine le samedi vers 6 heures pour ne recommencer que le lundi matin ; ils sont donc libres le dimanche tout entier. Mais, avec le système employé en Belgique et en France, l'esclavage est positivement organisé dans les centres verriers.

Écoutez, à cet égard, le témoignage d'un ancien ouvrier verrier de Belgique.

Eh bien ! il y a lieu de se demander pourquoi les verreries marchent si bien en Angleterre et pourquoi elles sont ruinées en Belgique. Je prétends que c'est à cause du travail du dimanche, car le travailleur y perd sa santé. De toutes manières, l'ouvrier qui travaille tous les dimanches ne fera jamais un mois sans perdre de journées.

Au point de vue du repos des commerçants, la Société que je représente, conclut M. Lefebvre (1), voudrait que tout le monde fît aussi comme en Angleterre, c'est-à-dire que chacun eût le soin de faire ses emplettes le samedi et qu'on laissât le dimanche libre au commerçant et à sa famille.

Entendez enfin lord Macaulay exposer avec autorité les fondements de la fortune industrielle de ses compatriotes :

Si, dit-il, le dimanche n'avait pas été observé comme un jour de repos, mais que la hache, la bêche, l'enclume et le métier à tisser eussent fonctionné tous les jours pendant les trois derniers

---

1. Extraits des communications de M. G. F. CHAMBERS, avocat à Eastbourne (Angleterre), et de M. Jules LEFEBVRE, délégué de la *Société pour l'observation du Dimanche*, de Charleroi (Belgique), ancien ouvrier verrier.

siècles, je n'ai pas le moindre doute que nous serions en ce moment un peuple plus pauvre, et moins civilisé que nous le sommes. » — (*Speeches*, p. 450.) Et il continue en exprimant son opinion bien arrêtée, qu'à *la longue, l'ouvrier qui travaille six jours par semaine fera pendant ce temps plus de besogne que celui qui travaille sept jours par semaine.*

C'est un homme de cœur, M. Cheysson, inspecteur général des ponts et chaussées, qui dirigea les grands établissements du Creusot, suivit avec intérêt et conduisit souvent avec talent les débats du Congrès de 1889, qui a prononcé ces nobles paroles, montrant qu'il vous connaît bien, mes amis :

Comme M. Langeron, a-t-il dit, j'ai vécu en contact avec les ouvriers, et j'ai reconnu, par une expérience intime, dont les souvenirs me sont restés très présents et très doux, qu'à la condition d'aller au-devant d'eux, on fait tomber leurs préjugés, et que le véritable moyen de gagner leur affection, c'est de commencer par leur en témoigner soi-même. Jamais ces avances ne sont repoussées. L'aumône, la bienfaisance ne suffisent pas. Ouvrir sa bourse est facile et presque vulgaire : ce qu'il faut, c'est ouvrir aussi son cœur, c'est se donner soi-même. Si l'on fait cela, on est très sûr de ne pas perdre sa peine et d'être payé de retour.

Voici les principales résolutions qui forment la conclusion du rapport de M. Pagny :

Le repos du dimanche est possible, à des degrés divers, dans toutes les industries.

Ce jour de repos est celui qui convient le mieux au patron et à l'ouvrier, tant au point de vue de l'individu qu'à celui de la vie de famille, et parce qu'il est bon que le jour du repos soit, autant que possible, le même pour tous.

Quand le repos du dimanche est irréalisable en pratique pour des raisons majeures, techniques ou autres, il doit y être suppléé par d'autres jours de congé, de telle manière que l'ouvrier ait 52 jours de liberté dans l'année, autant que possible régulièrement espacés.

Le repos ainsi accordé à l'ouvrier ne peut être préjudiciable à aucune industrie, car ce repos permet à l'homme de produire un travail plus considérable et mieux fait, en ce qu'il contribue à soutenir et à restaurer ses forces physiques.

Il est du devoir et de l'intérêt matériel et moral de tous les chefs d'industrie, et de l'État en premier lieu, de donner le bon exemple dans ce domaine.

Conférence internationale de Berlin pour la protection des ouvriers.

C'est sous ce paragraphe que prend naturellement place le texte des décisions adoptées par la *Conférence internationale de Berlin* pour la protection des ouvriers au sujet du règlement du travail du dimanche. On se souvient que l'empereur d'Allemagne avait placé au premier rang du programme des délibérations, la question du « jour du Seigneur, » comme l'a expressément rappelé S. S. Léon XIII dans sa lettre autographe du 14 mars 1890.

Nous ne saurions trop admirer la largeur de vues avec laquelle Monseigneur Kopp, délégué de l'Allemagne, traçait, en prenant possession de la présidence de la *Commission sur le repos du dimanche*, les lignes de son programme.

« Dans les temps modernes, le développement de l'industrie a pris un essor tel, qu'il est devenu nécessaire d'empiéter sur le repos absolu du dimanche. Il ne faut, en effet, pas méconnaître, d'une part, qu'il est inévitable de faire quelques concessions aux changements apportés par le temps ; mais il ne faut pas oublier, d'autre part, que ces concessions ne sont que des exceptions de l'ordre général, et qu'il est nécessaire de les restreindre dans les limites les plus étroites, au profit des biens inestimables que procure à la société humaine le repos du dimanche.

» Il est donc de notre devoir de rechercher la solution par laquelle les intérêts de l'économie industrielle se concilieront avec les exigences de l'ordre du dimanche, sanctionné par la loi divine et naturelle. Notre programme comporte, non la célébration et la sanctification du dimanche, mais la question du repos du dimanche, et cette question est limitée aux établissements industriels : elle ne touche donc pas le commerce, ni les ateliers. »

Est-ce de l'obscurantisme, cela ?

Et, tandis que les délégués français, enchaînés par les instructions de leur gouvernement, s'abstenaient de voter pour le repos du dimanche, et se bornaient à réclamer un repos hebdomadaire indifféremment fixé par les patrons à tel ou tel jour, M. Jules Simon prononçait ces fortes paroles qui dissimulent quelque peu la malveillante inertie de notre *statu quo*.

« Nous poursuivons un but moral aussi bien qu'un but matériel ; ce n'est pas seulement dans l'intérêt physique de la race humaine que nous nous efforçons d'arracher l'enfant, l'adolescent, la femme à un labeur excessif : c'est aussi pour que la femme soit rendue à son foyer, l'enfant à sa mère, auprès de laquelle seule il peut trouver les leçons d'amour et de respect qui font le citoyen ; nous avons voulu faire une halte dans la voie de démoralisation où le relâchement des liens de famille conduit l'esprit humain. »

Un franc vote de la délégation française eût mieux fait notre affaire, et Sa Grandeur avait incontestablement plus d'autorité en disant à son tour :

« Nous nous sommes efforcés, comme vient de le dire M. Jules Simon, d'améliorer la situation de la famille. Celle-ci est à la fois la base de la société et le centre d'éducation où se forment toutes les vertus sociales et religieuses. Si cette cellule primitive, pour emprunter à M. l. Délégué de la Belgique une des expressions de son rapport, est atteinte, l'organisme entier souffrira.

» Nous avons cherché à reconstituer la vie de famille en rétablissant le repos du dimanche, afin de permettre à l'ouvrier de rentrer à son foyer domestique, à la femme d'y reprendre sa place en même temps que son rôle d'éducatrice de l'enfance. Nous avons aussi voulu protéger la jeune ouvrière contre la dévastation physique et morale. Tels sont les grands problèmes qui nous ont occupés. »

Et, maintenant que le droit de l'ouvrier au repos du dimanche a été posé avec éclat dans les régions officielles, et admis, du moins en principe, par les délégués de tous les gouvernements de l'Europe, n'avons-nous pas de solides espérances humaines que la cause dominicale devra forcément avancer et accroître en sympathie auprès de tous les travailleurs ? Par leur participation à la Conférence de Berlin, nos délégués n'ont-ils pas contracté pour nous une sorte d'engagement moral à la portée duquel la République française a le plus grand tort de se soustraire, un engagement qui nous lie vis-à-vis des nations voisines, au témoignage de jurisconsultes autorisés, et vis-à-vis du monde ouvrier, qui a exprimé le vœu de cette réforme au point de vue législatif, et qui l'attend, — bon peuple !

Décisions proposées. — Voici le texte officiel des *demandes* inscrites dans le programme de la Conférence de Berlin, suivi des *décisions* y relatives, empruntées au protocole final signé, le 29 mars 1890, par les représentants de l'Allemagne, de l'Autriche-Hongrie, de la Belgique, du Danemarck, de l'Espagne, de la France, de la Grande-Bretagne, de l'Italie, du Luxembourg, des Pays-Bas, du Portugal, de la Suède et de la Norvège, et de la Suisse.

1° L'interdiction du travail du dimanche doit-elle former la règle, sauf les cas d'exception nécessaire ? — Il est désirable, sauf les exceptions et les délais nécessaires dans chaque pays : a) qu'un jour de repos par semaine soit assuré aux personnes protégées (1) ; b) qu'un jour de repos par semaine soit assuré à tous les ouvriers de l'industrie ; c) que ce jour de repos soit fixé au dimanche pour les personnes protégées ; d) que ce jour de repos soit fixé au dimanche pour tous les ouvriers de l'industrie.

2° Si l'on arrivait à une entente par rapport à l'interdiction du travail du dimanche, quelles seraient les exceptions admissibles ? — Des exceptions sont admissibles : a) à l'égard des exploitations qui exigent la continuité de la production pour des raisons techniques ou qui fournissent au public des objets de première nécessité, dont la

---

1. Par personnes « protégées » la Conférence a entendu désigner les enfants, les adolescents et les femmes.

fabrication doit être quotidienne ; b) à l'égard des exploitations qui, par leur nature, ne peuvent fonctionner que dans des saisons déterminées ou qui dépendent de l'action irrégulière des forces naturelles. Il est désirable que, même dans des établissements de cette catégorie, chaque ouvrier ait un dimanche libre sur deux.

3° De quelle manière serait-il statué sur ces cas d'exception ? Par une entente internationale, par les lois ou par voie administrative ? — Dans le but de déterminer les exceptions à des points de vue similaires, il est désirable que leur réglementation soit établie par suite d'une entente entre les différents gouvernements.

§ 3. — Le dimanche et le bâtiment.

PAS DE MALENTENDUS : IL NOUS FAUT LE REPOS DU DIMANCHE. — Non seulement, a dit en substance au Congrès de 1889 M. Rivière, architecte et rapporteur, nous ne demandons pas le repos hebdomadaire, mais nous le croyons mauvais. Nous voulons le repos du dimanche. En effet, quand l'ouvrier chôme n'importe quel jour, nous croyons que ce n'est plus du repos, c'est de l'oisiveté. Si la femme n'est pas à la maison, si l'enfant est à l'école, où est l'ouvrier ? au cabaret. Qu'est-ce qu'il y fait ? nous le savons tous. Aussi, quand on nous parle du repos hebdomadaire, nous disons : Non, pas de malentendus : il nous faut le repos du dimanche.

Telle peut se résumer l'étude très instructive, très pratique, consacrée par MM. Duvert et Rivière, architectes, président et secrétaire de l'*Association pour le repos du dimanche dans l'industrie du bâtiment*, à cette nouvelle application du repos hebdomadaire que comporte le bâtiment.

La place manque, à notre grand regret, pour renouveler (1) ici les sympathiques hommages que mérite cette généreuse association de trois cents personnes préoccupées du respect de la dignité humaine, convaincues qu'elles doivent rendre aux ouvriers, pour les services et les profits qu'elles retirent de leur travail, autre chose encore que la rémunération : architectes, ingénieurs, gens de métier convaincus de la nécessité de se nettoyer, le dimanche, au moral comme au physique, eux et les ouvriers de leur industrie, dont un contact journalier leur a permis de connaître à fond les goûts, les habitudes, les revendications et aussi les préjugés. Il y a là un grand exemple d'initiative privée qui appelle des éloges sans doute, mais surtout l'imitation.

LE REPOS HEBDOMADAIRE ET L'INDUSTRIE. DU BATIMENT. — *Avantages économiques, enquêtes, organisation du travail, résultats, conclusions.* (Rapporteurs : MM. DUVERT et RIVIÈRE, architectes.)

On est généralement d'accord qu'une certaine partie des ouvriers du bâtiment sont victimes d'un abus regrettable ; on ne sait pas et l'on ne cherche pas à se rendre compte qu'il y a surtout mauvais emploi, répartition défectueuse du temps et des forces employées. La réforme poursuivie dans les mœurs de ces ouvriers est reconnue comme bonne, désirable ; elle est soutenue par un incontestable mouvement de l'opinion qu'il faut aiguillonner contre cette iniquité sociale

---

1. Voir la *Croisade du dimanche*, broch. de propagande in-12. Paris, 12 rue du Regard, 15 cent.

du travail ininterrompu, cause de grands malheurs, de souffrances sans utilité.

****

L'Association pour le repos du dimanche dans l'industrie du bâtiment a commencé par écarter résolument l'équivoque qui s'est reproduite au début même du Congrès de 1889 à propos du *repos hebdomadaire ;* non seulement elle ne le demande pas, mais elle le croit mauvais : elle veut le *repos du dimanche.*

Elle se déclare en présence d'objections toutes réfutables, puisqu'elles sont basées sur des besoins spéciaux et restreints, sur des raisons de fait, sur des affirmations à tout le moins discutables, sur des craintes démenties par l'expérience, sur des partis-pris et des préjugés dont on exagère l'importance ; elle demande, par l'organe de son secrétaire, un simple changement dans les habitudes prises, non une diminution, mais une meilleure répartition des jours de travail.

Les termes mêmes de cet exposé sont trop clairs et concluants, trop favorables à notre thèse, pour que nous y puissions rien changer.

Que les entrepreneurs de l'industrie du bâtiment veulent bien consulter leurs livres : ils n'y trouveront pas d'ouvriers travaillant trois cent soixante-cinq jours de l'année ; s'ils en rencontrent inscrits pour trois cents jours, ce sera le maximum, et ce maximum est à peine atteint par le plus grand nombre. L'enquête que nous continuons à ce sujet, toutes les fois que, pour nous, l'occasion s'en présente, ne peut laisser aucun doute ; même quand ils y seraient résignés, la généralité des ouvriers du bâtiment, à Paris, et nous sommes disposés à croire qu'il en est de même dans les autres villes, n'effectuent pas, en réalité, plus de 300 jours de travail par an.

Alors, me direz-vous, s'il en est ainsi, quel est le *but* de vos efforts ? Pourquoi chercher à introduire dans les usages des chantiers une réforme sans objet, et si les ouvriers sont déjà réduits à tant d'interruptions forcées ou s'ils jouissent déjà de tant de jours où ils s'abstiennent de travailler, pourquoi vouloir augmenter encore, au grand détriment de leurs intérêts, ce chômage volontaire ou inévitable ?

L'objection serait grave si elle était fondée. Si la fermeture des chantiers, le dimanche, devait avoir pour effet de diminuer la somme annuelle des salaires que se partagent les ouvriers et qui, pour les familles nombreuses ou éprouvées par la maladie, n'est point toujours suffisante, nous n'aurions pas qualité pour la réclamer. Mais il n'en est point ainsi. Nous ne cherchons pas à diminuer le nombre des jours de travail, nous demandons qu'ils soient mieux répartis, mieux choisis, et, à cette occasion, nous croyons même devoir faire ici, à l'encontre du titre donné à ce Congrès, l'observation suivante sur laquelle nous ne saurions trop insister : Dans l'organisation sociale, telle que l'a établie la longue suite des siècles, *les dimanches et les grands jours de fêtes peuvent seuls offrir aux ouvriers le véritable repos avec tous ses avantages publics et privés.* L'interruption du travail les autres jours n'est que l'inaction volontaire ou imposée, l'oisiveté avec tous ses périls, une source de mal et non de bienfaits.

Nous savons bien, car souvent il en est ainsi, que les excès de fatigue et les maladies qu'ils occasionnent peuvent contraindre des ouvriers à s'arrêter ; mais cette suspension du travail, quand elle a lieu un jour ouvrable, ne donne pas aux malheureux qui y sont réduits le profit du repos dominical.

Voyons comment s'y prend l'*Association du dimanche* pour convaincre les ouvriers du bâtiment et ceux qui les dirigent ou font travailler : propriétaires, architectes, ingénieurs et entrepreneurs.

****

Les *propriétaires* sont ceux que ses sollicitations doivent atteindre de plus près, parce que ce sont eux qui, en définitive, sont les maîtres de la situation.

L'*Association* leur tient ce langage :

> « Ne soyez point, — en faisant travailler le dimanche, — les complices bénévoles d'une œuvre mauvaise au point de vue social ; évitez de favoriser une fâcheuse habitude dont les résultats néfastes ne peuvent manquer d'atteindre vos intérêts ; les travaux exécutés pour vous, le dimanche, le sont toujours moins bien que les autres jours ; l'ouvrier, se sentant peu ou pas surveillé, prend contre vous une sorte de revanche, en commettant toutes les fraudes, toutes les fautes qu'il lui est loisible de dissimuler. »

C'est le dimanche, leur démontre-t-elle, que se font le plus habituellement les malfaçons, qu'on emploie le plus de matériaux de rebut, que l'on diminue la dose de mortier ou de ciment dans les maçonneries, etc. ; c'est le dimanche que sont commises ces négligences qui peuvent compromettre jusqu'à la solidité de la maison. Elle leur cite bien des maisons commencées en même temps que d'autres où la loi a été violée, cependant achevées les premières, bien que le dimanche y ait été respecté ; elle n'a pas de peine à établir que, le plus souvent, la violation du repos dominical est suivie de l'orgie du lundi et de l'abrutissement du mardi.

DEUX TÉMOIGNAGES D'ARCHITECTES. — Voici deux dépositions topiques, extraites du compte-rendu du Congrès de 1889. La seconde nous fait faire la connaissance d'un ouvrier qui reconnaît dans la suite le service qu'on lui a rendu en l'empêchant de travailler le dimanche.

J'étais chargé par le tribunal de commerce de la Seine, en 1867, d'intervenir, à des titres divers, dans la construction de trois maisons d'égale importance. L'architecte de l'une d'elles était adhérent de notre Société, on ne travaillait pas dans son chantier le dimanche ; l'architecte d'une autre était indifférent à cet égard, il laissait travailler ce jour-là ceux de ses entrepreneurs qui le désiraient ; pour la troisième maison, il y avait un parti pris : le propriétaire était un Israélite ; l'architecte m'avait dit : Je ne veux pas contrarier mon client ; on y travaillait donc le dimanche. J'ai suivi ces trois constructions. Celle où l'on n'avait pas travaillé le dimanche fut terminée la première ; celle où l'on avait travaillé partiellement le jour du repos le fut la seconde, et, pour celle qui fut achevée la dernière, les ouvriers avaient *traîné* le dimanche, comme ils le font généralement ce jour-là.

A. RIVIÈRE, architecte à Paris.

On rend souvent un grand service à l'ouvrier en bâtiment en ne lui permettant pas de travailler le dimanche. Un architecte, actuellement conseiller d'État en Suisse, faisait part de ses expériences, il y a peu de temps, à l'un de nos amis ici présent. Elles peuvent se résumer ainsi : « Dans ma longue carrière d'architecte, disait-il, je me suis toujours fait un devoir de ne pas faire travailler le dimanche. Un certain dimanche, j'ai vu dans une de mes constructions un ouvrier faisant un travail ; je lui demandai de ne pas revenir travailler ce jour-là. La chose en est restée là. » Beaucoup plus tard, un autre ouvrier discutait avec le même architecte. L'ouvrier réclamait la liberté de faire le dimanche, dans le chantier, différents travaux qu'il prétendait extrêmement urgents. L'architecte commença par refuser ; cependant, malgré son respect du dimanche, il était près de céder aux arguments en apparence si plausibles de l'ouvrier, quand quelqu'un qui se trouvait non loin de là s'approcha d'eux. C'était l'ouvrier auquel l'architecte avait autrefois refusé la permission de travailler le dimanche. « Monsieur, dit celui-ci à l'architecte, j'ai entendu sans le vouloir les paroles que vous venez d'échanger, et je viens vous apporter mon témoignage. Vous vous rappelez qu'il y a quelques années vous m'avez commandé de ne plus travailler pour vous le dimanche; auparavant, j'avais la mauvaise habitude de faire le lundi ; eh bien ! depuis cette époque, vos conseils ont porté de grands fruits ; vous m'avez rendu un éminent service et je viens vous en remercier. » L'architecte a raconté ensuite comment, dans un moment d'hésitation, ce témoignage si opportun est venu le fortifier dans ses principes et le décider à refuser tout de bon à l'autre ouvrier l'autorisation de travailler le dimanche.

E. DELUZ, de Genève.

*_**

AVIS PRATIQUES INTÉRESSANT LES PROPRIÉTAIRES. — Beaucoup de propriétaires, hélas ! ne songent pas à interdire les constructions le dimanche, et quand ils voudraient les empêcher, c'est trop tard : souvent alors il arrive que l'entrepreneur proteste, réclame une indemnité devant laquelle recule le propriétaire.

Il suffit, pour corriger cet état de choses, d'introduire dans le cahier des charges, au début de toute construction, la clause d'interdiction du travail du dimanche. Nous ne saurions trop leur rappeler qu'il y va de leur intérêt et que leur conscience est gravement engagée. Pour mener à bonne fin cette campagne en faveur des chantiers privés, il sera extrêmement utile d'envoyer aux propriétaires une circulaire au moment, précédant l'ouverture des chantiers, où ceux-ci s'adressent à l'Administration pour obtenir l'alignement et la permission de bâtir : on obtiendra ces renseignements dans les bureaux de voirie ou dans les journaux spéciaux.

Il est temps de sortir d'une apathie préjudiciable à tant d'intérêts. C'est le lieu d'observer que la pratique du repos dominical dans le bâtiment n'entraînera qu'une augmentation insignifiante de dépenses, puisqu'il a été calculé qu'au grand maximum une construction de cent mille francs, par exemple, serait à peine augmentée de cinq cents francs (1).

Mais il ne suffit pas toujours, lorsqu'on apprend la construction d'une maison dans une rue, d'aller voir le propriétaire ; l'*Association* s'adresse également aux *architectes* et aux *ingénieurs* de la construction projetée : auprès de ceux-ci elle invoque l'évidence, elle leur rappelle qu'ils couvrent de leur responsabilité les méfaits de leurs ouvriers. En fait, ils n'exercent point par eux-mêmes, les jours fé... !a surveillance de leurs chantiers, et ils savent bien que leurs employés ne le font pas davantage ; cependant ils restent matériellement et moralement responsables envers leurs clients de tous les vices, de toutes les tromperies qui s'y commettent spécialement ces jours-là. Ils ont tout à craindre de l'usage néfaste qu'elle les invite à combattre avec elle, et ils n'ont absolument aucun profit à en espérer.

Après les maîtres du chantier, viennent les *entre-*

1. M. David de Pénanrun a démontré catégoriquement cette vérité dans le *Bulletin de l'Association du bâtiment*, dont on peut se procurer un extrait au siège de l'*Association*, 74, rue de l'Université.

preneurs : c'est auprès d'eux que l'*Association* rencontre le moins de résistance personnelle, et tous ceux d'entr'eux qui ont fait l'essai du repos du dimanche se plaisent à lui en apporter chaque jour le témoignage, au point de l'autoriser à affirmer que, si les propriétaires et les architectes dont ils dépendent les laissaient libres, il n'en est point qui ne profitassent avec empressement des loisirs qui leur font si manifestement défaut, aussi bien pour les besoins de leur propre vie de famille que pour le soin de leurs affaires et les soucis de leur responsabilité.

Faisant appel à l'expérience quotidienne des entrepreneurs, elle leur fait ce raisonnement très simple, habituellement compris : « Si vous laissez votre cheval 15 heures dans les brancards, il va être fourbu ; de même, si vous faites travailler votre ouvrier pendant 15, 20, 30 jours, il fait de mauvaise besogne, il devient un mauvais ouvrier, et tout cela est fâcheux pour vous. Si, pour utiliser un peu mieux votre matériel, vous faites rapporter 25 francs de plus à un cheval et que, d'un autre côté, vous perdiez 50 ou 100 francs sur les ouvriers que vous employez, vous faites de mauvaises affaires : c'est une balance à établir ! »

M. David de Pénanrun, actuellement président de l'*Association,* a établi qu'alors même que l'application du repos dominical contraindrait les entrepreneurs à donner aux ouvriers un supplément de salaire, cette augmentation ne les constituerait jamais en perte, puisque le principal élément du règlement des travaux réside dans la justification, par les entrepreneurs, de leurs déboursés.

Tous les entrepreneurs qui sont dans la *société*, — on ne saurait trop insister sur ce point, — se sont bien trouvés du repos du dimanche ; ils ont remarqué que la moralité de leurs ouvriers s'en est accrue, que le travail a été mieux fait, que leurs responsabilités ont été diminuées, et, en somme, *ils ont produit pour leurs clients plus qu'ils ne produisaient auparavant.* Tous disent à leurs confrères : « Faites comme nous, essayez de bonne foi, avec un peu de persévérance, et, comme nous, vous vous en trouverez bien ! »

Revenant à vous, *ouvriers du bâtiment*, mes amis, il faut bien vous faire une confidence qui vous prouvera que nous jouons franc jeu.

Eh bien ! notre excellent « rapporteur » rapporte que ce n'est pas auprès de vous, bien au contraire, que ladite *Association* trouve le plus de facilités ; et pourtant, comme il l'observe très sensément, vous êtes les premiers, les plus directement intéressés à sa réussite : il y va de vos plus chers intérêts ; et pourtant il se plaint que ce soit auprès de vous, à l'exception des meilleurs, qu'il rencontre les préjugés les plus tenaces.

Certaines personnes objectent : « *La fermeture d'un chantier mettra dans la rue beaucoup d'ouvriers du bâtiment ! Ces braves gens, l'élite de nos chantiers, viennent, par bandes, de la Creuse et du Limousin ; ils restent 7 à 8 mois à Paris ; ils vont ensuite passer 4 ou 5 mois dans leurs montagnes, cultiver leurs champs, et reviennent, l'année suivante, recommencer leur travail ; ils descendent à Paris dans des logis plus ou moins misérables, où ils sont entassés les uns sur les autres et dans lesquels ils n'ont véritablement aucune distraction à espérer pour les dimanches où ils ne travaillent pas.»* — Nous répondons. D'abord, croyez-vous que ces ouvriers ne s'y mettent pas d'eux-mêmes, dans la rue, et en des conditions déplorables, en faisant le lundi ? Et puis, est-ce exact pour les ouvriers menuisiers, serruriers et autres, à demeure dans la ville, et qui ont leur famille ? A ceux-là ne doit-on pas dire : « Allez chez vous ! » C'est vrai en une certaine mesure, nous en convenons, pour les ouvriers de passage, pour les maçons, par exemple. D'ailleurs, de même qu'il se trouve, dans nos ports, des hommes de cœur allant chercher nos marins sur les navires, pour leur montrer, à leur débarquement, les objets exposés dans nos musées, il y a un assez grand nombre de gens de bien de tous cultes, de toutes opinions, dans Paris, dans nos villes importantes, qui accueilleront volontiers ces ouvriers le dimanche et leur en proposeront un bon emploi. Sans doute, l'éducation d'un bon nombre d'entre vous, mes amis, est à faire sous ce rapport, mais il y a tant d'œuvres pour vous y aider, pour vous y accueillir, les *cercles d'ouvriers*, les *patronages de jeunesse* par exemple, que vous finirez bien par vous laisser faire !

Ouvriers du bâtiment, vous voilà prévenus ! Vous aurez, si vous le voulez, tous les moyens de faire bon usage de vos dimanches, et vive la liberté !

La liberté du dimanche, disons-nous encore aux patrons du bâtiment, donnez-la donc à vos ouvriers. Voilà le conseil que nous nous permettons de leur renouveler, à la suite de feu H. Lefébure (1), de bien regrettée mémoire, et bien propre à atténuer la « maladie de la pierre », à l'état aigu pour quelques-uns.

****

Voici les conclusions principales du travail de M. Rivière, jugé d'une si haute portée par les congressistes que le tirage à part en fut voté avec acclamations, sur la proposition de M. Deluz, secrétaire du Congrès et de la *Fédération internationale de Genève pour l'observation du dimanche*, et de M. G. Appia, pasteur à Paris.

Le repos du dimanche dans l'industrie du bâtiment est indispensable aux ouvriers ; il leur est dû, par ceux qui les emploient, pour l'entretien de leurs forces physiques, pour le développement de leur intelligence et pour la conservation de leur moralité dans la vie de famille.

Le travail du dimanche est non seulement préjudiciable aux ouvriers, mais encore aux propriétaires, par les malfaçons commises ce jour-là faute de surveillance, et, d'autre part, aux ingénieurs, aux architectes et aux entrepreneurs, à cause des responsabilités qu'il leur fait encourir.

1. Voir le *Repos du dimanche dans les travaux de l'industrie du bâtiment à Paris* et la *lettre d'un entrepreneur, observateur du dimanche, à un de ses confrères faisant travailler les jours fériés.* 2 broch. de propagande in-12, 35, rue de Grenelle.

Les propriétaires doivent faire insérer dans les conditions à imposer à leurs entrepreneurs l'interdiction du travail le dimanche.

***

LE DIMANCHE AU CONGRÈS DES ARCHITECTES DE 1891. — Le repos du dimanche, dans l'industrie du bâtiment, a été soumis aux délibérations du Congrès annuel des architectes tenu à Paris en 1891. Pris à partie par un membre de la *Société centrale des architectes français* dans le journal de cette Société, à propos d'un article paru au *Bulletin de l'Association pour le repos du dimanche*, l'honorable M. David de Pénanrun a cru devoir saisir le congrès de ce commencement de polémique. Il a fait ressortir, auprès de l'assemblée, les obligations morales qui incombent aux architectes vis-à-vis des ouvriers, la réelle autorité qu'ils possèdent sur le personnel du bâtiment, l'incontestable influence que des résolutions communes peuvent exercer sur cet intérêt de premier ordre, les avantages personnels, enfin, qui, à défaut d'autres mobiles, devraient les déterminer tous, non seulement à préconiser auprès de leurs clients l'observation du précepte dominical, mais encore à l'imposer, dans les limites du possible, au personnel placé sous leurs ordres.

Après une assez vive discussion, et malgré l'opposition marquée d'un certain nombre de congressistes, et non des moins influents, l'assemblée a émis le vœu que la question fût soumise à l'enquête et étudiée par les soins de la *Société centrale des architectes français*, pour revenir devant les débibérations du Congrès de 1892.

Il y a là un pas considérable et de solides gages d'espérance : il est permis d'attendre l'émission d'un vœu favorable par le prochain *Congrès des architectes*.

CHANTIERS DE TRAVAUX PUBLICS.— Nous pouvons rapporter à ce paragraphe les quelques mesures prises, dans notre pays, relativement au repos des employés dans les chantiers de travaux publics. L'État devrait, tout au moins, assurer le repos du dimanche à tous ceux qui travaillent pour son compte, et les travaux ordonnés, concédés ou autorisés par l'État, les départements et les communes, devraient être légalement suspendus le dimanche.

Ici, remarquons-le bien, il ne s'agit pas de l'État imposant le repos dominical à des particuliers ; non ; il s'agit de l'État s'imposant ce respect à lui-même, et certes l'État français, sous le régime actuel, en est bien loin

Le lecteur s'en rendra compte aisément, les dispositions prises à ce point de vue chargeant peu la mémoire. — Et encore, nous ne jurerions pas que celles ici relevées fussent toujours en vigueur !

Le cahier des clauses et conditions générales imposées aux entrepreneurs des travaux des ponts et chaussées, en date du 16 novembre 1866, porte :

Art. II, § 2. — Il est interdit à l'entrepreneur de faire travailler les ouvriers les dimanches et jours fériés.

§ 3. — Il ne peut être dérogé à cette règle que dans les cas d'urgence et en vertu d'une autorisation écrite ou d'un ordre de service de l'ingénieur.

Une circulaire adressée aux préfets, le 5 juillet 1873, par le ministre de l'intérieur, signale la nécessité de rappeler, dans les cahiers des charges applicables aux travaux départementaux et communaux, les dispositions qui prescrivent le repos du dimanche. Dans les cas d'urgence, les entrepreneurs doivent se munir d'une autorisation du préfet ou du maire.

Par une circulaire, en date du 21 août 1873, adressée aux préfets, le ministre des travaux publics rappelle également les dispositions relatives au repos du dimanche et des jours fériés. Cette circulaire dit : « Il importe, au plus haut degré, que cette disposition moralisatrice soit rigoureusement observée, et que, sauf les cas d'urgence ou de nécessité absolue, pour lesquels il doit en être référé en temps utile à l'autorité supérieure, tous les travaux qui s'exécutent pour le compte de l'État, soient suspendus les dimanches et jours de fête reconnus par la loi. »

Le Congrès de 1889 a exprimé, à cet égard, une résolution qui frappe au cœur nos services publics actuels :

« L'État a le devoir de donner l'exemple du respect du repos du dimanche, en l'assurant, autant que possible, à tous ceux qu'il fait travailler directement ou indirectement. »

Pour un vœu platonique, ma foi ! c'est joliment trouvé ! (1)

---

1. Il n'est pas hors de propos de constater, par contre, comment les choses se passent dans la *République helvétique*. Les travaux publics de l'État suisse, des communes et des particuliers sont interdits le dimanche, dans la plupart des cantons, et ne peuvent avoir lieu que dans des cas urgents et moyennant autorisation spéciale de l'autorité locale.

§ 4. — Le dimanche et les chemins de fer.

300.000 INTÉRESSÉS, PLUS D'UN MILLION DE FRANÇAIS, FAMILLES COMPRISES. — La question du repos du dimanche dans les chemins de fer est l'une des plus importantes qu'ait abordées le Congrès de 1889, parce que les chemins de fer jouent un rôle prépondérant dans la vie sociale, parce qu'ils occupent un nombre toujours croissant d'ouvriers et d'employés. Nos chemins de fer français et algériens forment un réseau de 40.000 kilomètres en exploitation : si nous admettons, d'après les calculs des ingénieurs, sept à huit agents par kilomètre exploité, c'est une armée de 300.000 hommes, soit avec leurs familles plus d'un million de Français qui dépendent de cette formidable industrie.

Quel puissant exemple, si nos chemins de fer fermaient entièrement le dimanche leurs gares de petite vitesse ! Et comme l'exemple réagirait, par répercussion directe, sur toutes les industries et sur le commerce ! « Les administrations de chemins de fer nous font l'effet d'un fort détaché qu'il faut prendre pour pouvoir aborder le corps de la place. » Expression pittoresque autant que de génie, empruntée à M. de Nordling, l'ancien directeur général des chemins de fer de l'empire d'Autriche, rapporteur de la question au Congrès de 1889.

***

RESPONSABILITÉ DES ACTIONNAIRES DES COMPAGNIES DE CHEMINS DE FER.— Voilà tantôt vingt ans que des catholiques dévoués réclament la liberté du dimanche pour le personnel des chemins de fer ! Comment perdre de vue un devoir social trop longtemps méconnu ; comment décliner la responsabilité qui incombe au détenteur des capitaux ou de la propriété foncière dans l'emploi fait de ses capitaux ou de sa propriété par ceux à qui il en confie la gestion ! Les actionnaires des Compagnies de chemins de fer sont au premier rang parmi ces détenteurs de capitaux : ils sont, en définitive, les *patrons* des ouvriers, et cette qualité leur impose un devoir social dont bien peu se préoccupent ; s'il n'est pas en leur pouvoir de faire observer le repos du dimanche dans les gares, il est du moins de leur devoir d'en rappeler persévéramment la nécessité à leurs mandataires, et de se déclarer prêts à faire dans ce but les sacrifices nécessaires. C'est la campagne que recommandèrent à leurs amis, dès l'année 1884, les membres de notre *Association pour l'observation du dimanche.*

***

AVANT TOUT, AGISSONS SUR L'OPINION ! — Pourquoi prendrions-nous vivement à partie les administrateurs ? Souvent ils n'en peuvent mais. C'est au gouvernement qu'il faut nous adresser, tant son influence est actuellement prépondérante sur les Compagnies. Agissons donc sur le gouvernement en stimulant l'opinion publique, en provoquant une incessante manifestation des forces vives du pays. Faisons d'incessants appels par la persuasion ; secouons l'opinion par des brochures de propagande, alertes et bourrées de faits. Cette tactique fera des conquêtes dont M. de Nordling décrit bien le mouvement.

L'avantage du repos dominical, dit-il, est prouvé par l'exemple de tous les peuples qui l'observent. Mais, selon moi, il faut tâcher de le généraliser par la force de l'opinion publique et non par des mesures législatives. Quand l'opinion publique aura obtenu le résultat voulu et que ce résultat aura reçu la sanction de l'expérience, alors seulement il pourra y avoir lieu de s'assurer la permanence du bienfait par des dispositions légales.

Qu'il soit d'ailleurs bien entendu que nous n'abandonnerons pas, pour notre part, la nécessité d'une loi sur le dimanche. Cette loi nous paraît indispensable pour assurer à l'ouvrier cette liberté.

LES DIFFICULTÉS DE LA TACHE NE NOUS REBUTERONT PAS. — Ne nous laissons pas trop impressionner par la répugnance de certains directeurs. « Après tout, y a-t-il administration plus compliquée que celle des chemins de fer ? objectent-ils. Maintenant que notre administration est montée après un demi-siècle d'efforts, voici que l'interruption, tout au moins partielle, du travail du dimanche, y introduirait un nouvel élément de complication ! N'est-il pas évident, d'autre part, que, de toutes les industries, celle des chemins de fer est la plus revêche à l'observation du dimanche ? Et n'est-ce pas vis-à-vis cette industrie comme vis-à-vis celle des bateaux à vapeur, des omnibus et des tramways, que vous, public, vous êtes le plus exigeant, réclamant souvent un service double et triple qui vous rend l'inconscient complice du travail du dimanche ? » — Avec le Congrès de 1889, je réponds :

Aucune institution n'est plus réellement libérale et démocratique que le repos du dimanche. Toutes les mesures légales ou autres qui le favorisent, en réservant les cas de nécessité et de charité, sont des mesures, non pas d'oppression, mais de vraie liberté, car si elles gênent parfois les habitudes de quelques-uns, elles sont **profitables** *au plus grand nombre,* **à ceux surtout qui manquent le plus de moments de relâche et de véritable indépendance (1).** »

Répétons, pour les faire nôtres, les judicieuses autant que généreuses paroles prononcées par M. Rivière, au cours des délibérations : « Quand bien même nos Compagnies de chemins de fer devraient subir quelques augmentations de dépenses, par suite des mesures que nous demandons, elles devraient cependant les appliquer, en vertu du principe supérieur sur lequel nous sommes tous complètement d'accord. »

**

***

1. Cinquième résolution adoptée par le Congrès, sur les Associations en faveur du repos du dimanche.

CAMPAGNE EN FAVEUR DU SERVICE DE PETITE VITESSE : COMMENT LES CATHOLIQUES L'ONT CONDUITE, COMMENT ILS DOIVENT LA SOUTENIR. — La campagne menée par les associations dominicales confédérées a déjà porté quelques fruits. Les obstacles qui restent devant nous ne sont pas pour effrayer d'énergiques convictions. Les masses profondes des travailleurs honnêtes, respectueux des saines conditions du travail, nous soutiennent : la grève du dimanche n'a-t-elle pas pour elle, celle-là, le syndicat des bons ouvriers, le meilleur de tous les syndicats ?

Après plusieurs tentatives infructueuses, les catholiques qui sont intervenus avec courage et persévérance dans les assemblées d'actionnaires de chemins de fer, finirent par entraîner l'assentiment de la Compagnie des chemins de fer de Lyon, et, le 22 juillet 1889, cette Compagnie, que nous ne saurions trop remercier de sa généreuse initiative, soumit au ministre une proposition tendant à la fermeture des gares de petite vitesse pendant toute la journée des dimanches et jours fériés. Une enquête approfondie lui avait permis de s'assurer que la mesure était non seulement désirable et désirée, mais réalisable, sans augmentation importante de frais. La proposition avait été appuyée par plusieurs Conseils généraux, par les Chambres de commerce du Havre, de Toulon, de Lille, de Lyon, par celle de Paris, qui demandait seulement la fermeture à neuf heures, enfin par le Congrès de 1889. Consultées par le ministre des travaux publics, les autres Compagnies reconnurent en principe qu'il y avait quelque chose à faire... La Commission spéciale constituée au sein du *Comité consultatif des chemins de fer*, proposa enfin la transaction suivante : les Compagnies se sont mises d'accord pour fermer leurs gares de marchandises le dimanche à dix heures du matin, au lieu de midi (1) ; et, de plus, elles sont convenues de réserver à tous les expéditeurs et destinataires la faculté d'interdire la livraison de leurs marchandises à domicile le dimanche. Le ministre des travaux publics a ratifié ces dispositions, par arrêté en date du 9 mai dernier, pour entrer en application à partir du 15 juin et, sauf prorogation, jusqu'au 15 décembre suivant (2).

L'ARRÊTÉ MINISTÉRIEL EST UNE DEMI-SOLUTION. — Un congressiste de 1889, M. René Lavollée, membre du comité de la *Ligue populaire* ainsi que de notre *Association du dimanche*, qui s'était chargé de présenter, en cette dernière qualité, un rapport au Congrès catholique de 1891 sur les *progrès de la cause dominicale*, l'a déclaré :

Cette combinaison imparfaite et boiteuse est loin de nous donner satisfaction. Nous en prenons acte et nous l'acceptons comme un premier pas dans la voie d'un retour à la salutaire pratique de l'observation du dimanche ; *nous l'accueillons comme*

1. On a calculé que les deux heures de liberté accordées au personnel de ces gares profiteront à vingt-deux mille neuf cent trente-sept agents qui en bénéficieront directement, et faciliteront, en outre, par voie de roulement, l'observation du dimanche à dix-neuf mille trois cent trente-cinq autres agents.

2. Souvenons-nous que l'arrêté ministériel présente ces mesures comme transitoires, prises à titre d'essai : elles seraient rapportées si l'on n'en usait pas ; elles seront maintenues si l'on s'en sert. Il dépend donc de nous tous de les rendre définitives.

une espérance et nous avons la confiance qu'elle mènera bientôt à la seule solution logique et rationnelle, c'est-à-dire à la fermeture complète pendant toute la journée du dimanche. Nous continuerons, sans nous lasser, nos efforts dans ce but, et il dépend beaucoup de vous, Mesdames et Messieurs, il dépend de nous tous que le succès définitif soit rapide (1).

*
* *

POURQUOI NOUS TENDONS A LA SUPPRESSION TOTALE DE CE SERVICE. — Et que l'on n'aille pas crier à l'exagération, nous tenir pour des esprits avides, irréconciliables, impossibles à satisfaire. Nous nous retrancherions derrière l'appréciation de M. Noblemaire lui-même, du vaillant directeur de la Compagnie du P.-L.-M.

La solution de la question dominicale dans les chemins de fer ne sera possible, disait-il formellement au Congrès de 1889, qu'avec la faculté que donnerait le gouvernement de *fermer les gares de marchandises à petite vitesse pendant* TOUTE LA JOURNÉE DU DIMANCHE. *Si on les ferme* à midi, comme cela se fait aujourd'hui, ou même *à 9 heures du matin, on n'aboutira à rien dans la pratique*, tandis qu'avec la fermeture complète, on pourra arriver à un résultat. Donc, tant que le gouvernement n'autorisera pas la *suppression du service* dans les gares de marchandises à petite vitesse le dimanche, il n'y aura rien de possible au sujet de l'amélioration que nous désirons tous également.

*
* *

MOTIFS D'ESPÉRER, TACTIQUE A SUIVRE. — DIEU nous garde d'aborder les exposés théoriques, les explications techniques qui appartiennent à la science de

---

1. Voir le *Repos du dimanche* : rapport de M. R. Lavollée à la vingtième Assemblée des catholiques. (Livraison de mai 1891, p. 65-84 : 35, rue de Grenelle).

l'exploitation et de l'administration des chemins de fer ; d'entrer, à la suite des éminents ingénieurs MM. Cheysson, Noblemaire, de Nordling, dans la discussion toute spéciale des *remplacements* et de la *réserve*, que soulèvent les objections du *personnel des équipes* et du *matériel roulant !* La compétence me manque et je n'oublierai pas le sage fabuliste :

> Ne forçons point notre talent,
> Nous ne ferions rien avec grâce !

Il importe d'invoquer ici le témoignage autorisé de M. de Nordling :

D'après mes confrères des chemins de fer, observe-t-il en tête de son remarquable rapport, il n'y a aucune réforme à tenter : les trains de chemins de fer doivent, comme les corps célestes continuer à marcher le dimanche comme les autres jours ! A eux, je dirai : Messieurs, je vous comprends parfaitement, car vos convictions, je les ai partagées tant que j'étais au milieu de vous, et *il m'a fallu sortir de France pour m'apercevoir que c'étaient des préjugés.*

Et plus loin encore :

« Ne vous disais-je pas que la plupart de nos directeurs, de voies ferrées étaient convaincus que le chemin de fer est comme une horloge, qui doit marcher le dimanche comme la semaine ? Les employés ont grandi dans les mêmes idées. Mais les employés belges aussi étaient autrefois dans le même cas. Cependant, je me suis laissé dire que, depuis qu'ils jouissent du dimanche, ils ne consentiraient plus à se le laisser ravir, et qu'il ne serait plus possible à l'administration belge de revenir en arrière. Sans nul doute, il en serait de même du personnel français. »

Et, quant à la concession arrachée à grand'peine à

l'État, en ce qui concerne le service de la petite vitesse, reconnaissons que, si modeste qu'elle soit en elle-même, la faculté confirmée par l'arrêté ministériel du 9 mai dernier est, surtout doit être, entre nos mains, un principe de réformes importantes. Le coin est dans le bloc, voyez-vous ; et maintenant, frappons dessus pour l'enfoncer ! Les Compagnies pourraient, tout d'abord, fermer les chantiers de construction et d'entretien de la voie les jours fériés, sauf bien entendu en cas d'urgence ; c'est là une mesure qui dépend exclusivement de leur volonté. L'opinion, évidemment favorable à la cause dominicale, souffle dans nos voiles : à nous de faire le reste. Ne comptons guère sur les bons mouvements de l'État : d'abord, ils sont fort problématiques sous le régime actuel, et puis ils sont toujours soumis à quelque retour offensif.

Signons tous des pétitions, colportons-les, faisons en sorte que chacun use de la faculté inscrite dans l'arrêté ministériel, et il faudra bien, bon gré mal gré, que l'on tienne compte, en haut lieu, du mouvement de l'opinion : les lois, règlements et arrêtés devront bien refléter, à leur tour et par répercussion, ce qui se manifestera de plus en plus expressément dans nos mœurs. Il y a là une campagne à poursuivre : n'y manquons pas.

*
* *

250.000 AGENTS SOUSTRAITS HABITUELLEMENT A LA VIE DE FAMILLE. — M. Rouy, manufacturier secrétaire-archiviste de la Chambre de commerce de

Sedan, adressait au Congrès de 1889 une communication intéressante et pratique sur les mesures à adopter pour soulager les employés de chemins de fer le dimanche et les rendre à la vie de famille :

« Les Compagnies, les industriels et les commerçants, dit de son côté notre honorable ami, n'éprouveraient aucun inconvénient sérieux si l'on fermait les gares de marchandises à petite vitesse tout le dimanche, les bureaux de la grande vitesse à partir de midi, et si l'on suspendait la circulation des trains de marchandises le dimanche. Ce repos du dimanche, sans aucune retenue de salaire, assurera la moralité des employés de chemins de fer. A côté des cinquante mille employés sédentaires de ces services, il faut compter deux cent cinquante mille employés du service actif qui travaillent trois cent soixante-cinq jours par an et ne savent pas s'il existe un repos quelconque. Toujours tenus, ils n'ont de repos que lorsqu'ils tombent malades, ou quand ils meurent, succombant à la peine ! Ces milliers d'employés voient leurs collègues se promener, monter dans le train, visiter leurs parents et leurs amis ; ces malheureux déshérités s'inclinent devant la dure fatalité qui leur fait jeter un œil de cruelle envie sur leurs collègues plus favorisés qu'eux.

Il est incontestable que les pouvoirs publics doivent prendre en main la défense des *deux cent cinquante mille employés* des chemins de fer qui, depuis tant d'années, souffrent sans se plaindre de l'existence, toute d'exception et contre nature, qui leur est imposée.

Eux seuls travaillent du 1ᵉʳ janvier au 31 décembre sans un moment de répit, de délassement ; et cela de par la loi, représentée par le cahier des charges !

Comme il est dit plus haut, on compte environ trois cent mille employés de chemins de fer, parmi lesquels cinquante mille privilégiés ayant le repos hebdomadaire régulier ; il reste donc deux cent cinquante mille déshérités, la plupart mariés, pères de famille. Estimons en moyenne à trois personnes chaque ménage d'employé (nous sommes, à coup sûr, bien au-dessous de la réalité), cela nous donne sept cent cinquante mille êtres privés de cette vie de famille qui fait la joie et le bonheur des trente-six millions de Français.

Est-ce juste ? Est-ce moral ? Est-ce digne d'un grand pays comme la France ?

— Assurément non.

COMBIEN LA FRANCE EST DEVANCÉE, NOTAMMENT PAR LA BELGIQUE ET LA SUISSE ! — La Belgique (1),

1. BELGIQUE. — Nous avons réalisé, a pu dire M. Fassiaux, secrétaire général du ministère des chemins de fer, postes et télégraphes de ce pays, de grands progrès dont le mérite doit, en toute justice, être attribué à M. Van der Peereboom, ministre actuel de nos chemins de fer. Nous sommes bien près d'avoir résolu le problème pour les chemins de fer de l'Etat ; c'est ainsi que :

1° Dans ses ateliers centraux on ne travaille pas le dimanche ;

2° La plupart des trains de marchandises pour la grande et la petite vitesse sont supprimés le dimanche ;

3° Le service des bureaux est organisé de telle sorte que les employés peuvent se reposer et accomplir, s'ils le veulent, leurs devoirs religieux.

Il y a cependant quelques exceptions, mais elles ne tournent pas au préjudice de l'hygiène, car les agents qui n'ont pas de repos le dimanche l'obtiennent dans la semaine. On parviendra, cela n'est pas douteux, à faire en sorte que ce repos ait lieu le même jour pour tous les employés.....

Cette réforme, commencée en 1885, est d'autant plus digne de remarque que la Belgique a un fort trafic international et des ports de mer de premier ordre à desservir. Opérée pour ainsi dire à l'insu du commerce, elle n'a non seulement provoqué aucune plainte, mais rencontré, d'année en année, les sympathies manifestes des deux Chambres législatives.

Les 8,466 agents des stations et des trains des chemins de fer de l'Etat belge jouissent à présent de jours de repos dont le nombre est compris entre 13 au minimum et 52 au maximum.

En Belgique, les cahiers des charges des travaux publics, mis en adjudication pour les chemins de fer par le ministre des chemins de fer, des postes et télégraphes, contiennent la clause suivante : « L'entrepreneur ne pourra faire travailler aux ouvrages de son entreprise sur le terrain et dans les dépendances du chemin de fer, ni les dimanches et jours fériés, ni en dehors des heures habituelles du travail, sauf en cas d'urgence et du consentement du fonctionnaire dirigeant. » Les ateliers centraux des chemins de fer belges chôment complètement les dimanches et jours de fête, sauf les exceptions indispensables nécessitées par le nettoiement à fond des ateliers, la visite des chaudières et des moteurs.

la Suisse (2), l'Angleterre, nous ont devancés depuis longtemps dans cette question, et ces pays l'ont tranchée de la façon la plus large.

Après avoir fait faire le tour de l'Europe aux congressistes de 1889 (3), M. de Nordling a déduit une observation qui sera notre conclusion : « Il résulte de tout cela qu'en somme, c'est la France qui forme la clef de la position. » Ajoutons un vœu, celui de nous éloigner tous les jours davantage de l'affligeante com-

Accusé de violer la constitution en ne laissant pas les entrepreneurs libres de travailler le dimanche, le ministre a répondu (séance de la Chambre des députés du 19 mars 1889) : « N'avons-nous pas le droit incontestable, dans l'intérêt du service, d'interdire le travail à certaines heures et à certains jours sur le réseau des chemins de fer...? Libre aux industriels de travailler comme ils l'entendent ; c'est une question à débattre entre eux et leurs ouvriers. Mais quand il s'agit d'un travail à exécuter sur nos lignes, quand ce travail peut avoir pour effet de priver de repos une partie du personnel, nous avons le droit d'intervenir et de stipuler, dans nos cahiers des charges, une clause qui garantisse à nos agents le repos que nous avons entendu leur assurer. »

Le ministre constatait, dès 1888, que, moyennant de sages mesures administratives, il avait pu, sans désorganiser aucun service, sans nuire à l'industrie, sans déranger les habitudes des voyageurs, sans que le public s'en fût aperçu en quelque sorte, assurer à plus de 30.000 agents du repos le dimanche. Et, justifiant la préférence accordée au dimanche comme jour de repos, il ajoutait ces paroles mémorables : « *Les obstacles que je suis parvenu à vaincre pour le repos du dimanche seraient invincibles, si le jour du repos était fixé au lundi, par exemple... Si je m'étais proposé d'accorder seulement un jour de repos périodique, j'aurais échoué, misérablement échoué.* »

2. Suisse. — La loi fédérale concernant la durée du travail dans l'exploitation des chemins de fer et des autres entreprises de transport, en date du 29 juin 1890, accorde au personnel des chemins de fer suisses 52 jours de repos par an, y compris 17 dimanches.

3. Voir la remarquable étude de M. de Nordling :

Des mesures adoptées en divers pays relativement aux jours de repos accordés aux employés de chemins de fer. Cette étude, dont le *Comité catholique* de Paris a favorisé la propagande, est en vente à la ligue pour le repos du dimanche, 176, boulevard St-Germain.

paraison que l'on a pu faire de notre chère France, au point de vue du repos hebdomaire dans les chemins de fer, avec un pays qui ne se recommande guère que par son blé, la Turquie !

Sur la question des services publics de transport, le Congrès émettait les vœux suivants :

Que les gares de marchandises à petite vitesse restent fermées les dimanches et fêtes, sauf pour la livraison des animaux vivants et de certains articles alimentaires sujets à une rapide détérioration ; que cette réforme soit opérée successivement, si son application simultanée sur tous les réseaux et dans toutes les villes rencontrait la moindre opposition.

Que les dimanches et fêtes le nombre des trains de marchandises à petite vitesse soit réduit autant que possible.

Que les bureaux de marchandises à grande vitesse ne restent ouverts, les dimanches et fêtes, qu'à des heures déterminées, selon des catégories à établir pour les différentes gares et stations.

Que les travaux de construction, les travaux d'entretien de la voie et le travail dans les ateliers de réparations, soient arrêtés les dimanches et fêtes, sauf les cas d'urgence.

Que les dimanches et fêtes ne soient pas comptés dans les délais de livraison et d'expédition des marchandises à petite vitesse et que des mesures soient prises, s'il y a lieu, pour éviter les encombrements de gare.

Que les bases des salaires ne soient pas combinées de

façon à faire désirer aux agents le travail du dimanche et des jours fériés.

Qu'il soit pris, par les directions compétentes, des mesures pour que les employés des autres entreprises publiques de transports (bateaux à vapeur, tramways, omnibus, etc.), participent, quant à leurs jours de repos, aux avantages qui pourront être obtenus en faveur des employés de chemins de fer.

Nous attirons spécialement l'attention de nos lecteurs sur la résolution suivante, dont M. Cheysson fut l'heureux inspirateur et que M. René Lavollée fit adopter. Il n'est que juste de dire que la *Ligue populaire pour le repos du dimanche* prit une part importante dans les démarches qui nous ont obtenu un commencement de satisfaction. L'assemblée de 1889 émit en conséquence cette résolution complémentaire :

Que le bureau du Congrès fasse, le plus tôt possible, des démarches instantes auprès des pouvoirs publics, pour qu'il soit donné suite à la généreuse initiative que vient de prendre la direction de la Compagnie des chemins de fer du P.-L.-M., en vue d'obtenir la fermeture de ses gares de marchandises à petite vitesse les dimanches et jours fériés.

§ 5. — Le dimanche, les postes et les télégraphes.

Le corps expéditionnaire de nos 20.000 facteurs.— Vingt mille facteurs sont soustraits au repos du dimanche et aux joies de la famille. Bloqué par les exigences du public, ce corps « expéditionnaire » attend de nous tous sa délivrance. Qui de nous ne s'intéresserait au sort du pauvre facteur, de ce juif-errant moderne, qui fait tous les jours ses huit à dix lieues dans nos campagnes, souvent battu par le vent, la neige, ou torréfié par des chaleurs de 30 degrés, et finit à peine sa journée, à Paris et dans nos grandes villes, à onze heures du soir ?

****

Diminuer le service postal le dimanche, solution a la portée de tous.— Nous qui aimons tant à nous reposer nous-mêmes, comprenons donc que nous devons nous prêter au repos des facteurs, ces victimes de nos exigences outrées : il y a des gens qui se figurent, en vérité, qu'un facteur doit marcher continuellement ! Vous, comme moi, diminuons le service des postes le dimanche. Voilà la vraie solution, la solution décisive ! Évitons tout ce qui pourrait augmenter le travail des employés des postes le dimanche, et le reste ne sera plus qu'une question d'organisation administrative ! Imitons ce qui s'est fait dans bien des régions. Groupons nos forces, formons des associations ; de petites forces réunies produisent les grands résultats : les gens de cœur et de bonne volonté feraient-ils donc défaut ? Et, s'il fallait vous stimuler dans l'entreprise chrétienne et humanitaire à laquelle nous vous convions, écoutez quelques lettres de facteurs et d'employés postaux qui vous demandent, vous supplient de vous occuper d'eux.

Pressants appels des facteurs et employés postaux.

L... (Ardèche.)

Monsieur, étant employé des postes, je viens vous exprimer la joie que j'ai eue en voyant que vous aviez pensé à nous dans le but de diminuer notre travail du dimanche, afin que nous puissions avoir le temps de nous reposer... Recevez, etc.

A... (Pas-de-Calais.)

Monsieur, je constate avec plaisir que le public de notre région accueille favorablement les idées que vous défendez ; c'est d'un bon augure pour une réforme qui serait bien nécessaire pour le personnel de notre administration. Il ne faut pas vous arrêter en si bon chemin, ce serait manquer à son devoir.. Agréez, etc.

R... (Loire.)

Chers messieurs, que DIEU vous soit en aide pour vos travaux ! Permettez-moi de vous dire combien j'ai été heureux d'apprendre que des chrétiens s'intéressent au sort des pauvres facteurs et autres gens qui travaillent le dimanche... Agréez, etc.

L... (Suisse).

Monsieur, nous souhaitons de tout notre cœur que tous les employés postaux en viennent à comprendre combien leur est salutaire un jour de congé par semaine ; c'est surtout quand on a nombre d'années de services qu'on apprécie ce bienfait. Pour nous, nous venons vous remercier de tout le bien que nous avons déjà ressenti d'avoir depuis peu de temps un dimanche libre sur trois ; *combien nous avons le caractère moins aigri qu'auparavant, et combien cela nous fait de bien pour le moral !* J'ai l'honneur, etc.

SERVICE DE PARIS : DÉPOSITION DU PRÉSIDENT DE L'UNION FRATERNELLE DES FACTEURS DE LA SEINE, FACTEUR LUI-MÊME.— D'intéressants détails, peu connus du public, ont été fournis au Congrès de 1889 par M. Robert, facteur à Paris, et président de l'*Union fraternelle des facteurs des postes du département de la Seine.* Il est instructif de suivre les idées développées par un homme essentiellement pratique, exempt de tout parti pris, sur les améliorations que, dans son milieu, on estime possible et désirable d'introduire, en ce qui concerne le repos du dimanche ; nous avons groupé les plus essentielles et les plus appuyées, conformément à notre méthode.

Ce service, organisé dans l'intérêt de l'État et du public, ne fonctionne pas de même partout. Aux yeux de beaucoup de personnes, les facteurs de ville et ceux de Paris, en particulier, ont un service non moins pénible que celui des facteurs ruraux, et il est souvent plus compliqué.

Examinons d'abord les *facteurs ruraux titulaires.* Ces agents doivent à l'Administration 365 jours par an et 366 jours les années bissextiles ; ils doivent marcher tous les jours pour faire leur distribution. Lorsqu'ils obtiennent un jour de congé en se faisant remplacer par un suppléant, ils sont obligés de payer ce suppléant. Ainsi, Messieurs, j'ai dû me faire remplacer moi-même ce matin, et il faudra que je paie mon remplaçant à la fin du mois. Il en est ainsi pour tous les agents distributeurs. Dans certaines localités, ce sont des auxiliaires ayant sollicité l'emploi de facteur qui font les remplacements. Dans les villes, on fait faire ces remplacements par des facteurs surnuméraires qui ne sont pas commissionnés. On les prend de préférence parmi des hommes offrant des garanties de moralité, parce qu'il nous incombe une grande responsabilité. Nous avons une partie de la fortune publique entre nos mains et l'on ne peut confier ce service au premier venu. Dans les villes, c'est le facteur titulaire qui paie son remplaçant.

Nous arrivons aux *facteurs de Paris*. Ils forment plusieurs catégories. On n'accepte point de facteur non commissionné ; ils débutent comme *facteurs leveurs de boîtes ;* ces facteurs sont chargés de lever les boîtes, de timbrer les lettres, de les trier par parties : Paris, départements, étranger ; ils sont les plus favorisés ; ils obtiennent un jour de congé tous les 10 ou 12 jours, et n'ont pas à payer leurs remplaçants. Un roulement est établi, de telle sorte qu'ils se reposent chacun à leur tour.

Ensuite, nous avons la catégorie des *facteurs d'imprimés*. Pour le repos du dimanche, ils sont très favorisés ; ils ont 4 distributions par jour, le dimanche ils n'en ont que 3, et ils ont tous les 15 jours un congé après leur première distribution.

Viennent ensuite les *facteurs distributeurs* de Paris. Ils ont beaucoup de travail. Dans la semaine, nous avons 8 distributions par jour ; le dimanche, la 4e distribution et la 6e sont supprimées. Il en résulte qu'un facteur sur quatre termine son service à 10 h. du matin. Nous avons donc tous les 28 jours un dimanche de repos à partir de 10 heures du matin. Mais, ce jour-là, nous avons dû commencer notre service à 4 h. du matin.

Les *garçons de bureau*, les *chargeurs* ont des jours de repos, comme les *releveurs de boîtes*. Ceux-ci ont en moyenne un jour de congé sur 12 jours. Le facteur d'imprimés est libre tous les 15 jours, le dimanche, à partir de 10 heures du matin. Les facteurs distributeurs titulaires sont libres tous les 28 jours, le dimanche, à partir de 10 heures du matin. Pour les congés, les maladies, il faut payer son remplaçant.

Avant 1878, on ne faisait que 5 distributions le dimanche, le service était terminé à quatre heures. Depuis 1878, on a demandé un service du soir pour les journaux, puis ce service a été étendu à tout Paris. Quoique nous soyons plus nombreux qu'à cette époque, *notre service est maintenant plus pénible :* on a commencé par demander des hommes de bonne volonté qu'on payait 1 fr. 50, puis on a imposé le service sans le payer.

MARCHER D'ÉTAPE EN ÉTAPE, ET MÉNAGER LES TRANSITIONS. — Pour nous donner du repos le dimanche, il faudrait supprimer des distributions. Je crois qu'on pourrait terminer le service du dimanche par la distribution de midi, qui s'achève à 1 heure ; ainsi, il y aurait au moins un homme ayant sa journée de repos complète, ce qui n'arrive jamais. L'arrêt du service à la distribution de midi, le dimanche, ne porterait guère de préjudice au public. Avec un peu de bonne volonté de la part de tout le monde, tout pourrait s'arranger pour le mieux. Nos chefs seraient disposés à nous donner du repos le dimanche ; seulement, ils ont à assurer le service, et à satisfaire, quand il y a lieu, aux réclamations du public. Il faudrait donc, comme l'un des membres du Congrès le disait tout à l'heure, que le public fût plus complaisant, qu'il s'abstînt, par exemple, de nous faire distribuer autant d'imprimés le dimanche et que les représentants de la presse fussent moins exigeants. Il y aurait peut-être quelque chose à faire au sujet de la presse : ce serait, par exemple, de supprimer les distributions à domicile le dimanche. La presse, mais elle peut influencer favorablement l'opinion publique par le bon exemple en n'obligeant pas les imprimeries à travailler pour elle-même le jour du repos. Si la presse prend à cœur la cause du dimanche, elle pourra faire beaucoup à cet égard.

UN EXEMPLE A NE PAS IMITER !

J'ai parlé des exigences de certaines personnes, laissez-moi

vous en donner un exemple : Un soir, en hiver, vers les 11 h.,
au moment où je terminais ma dernière destribution, j'ai rencontré des messieurs qui m'ont demandé très sérieusement si c'était
la dernière distribution et s'il n'y en avait pas encore une autre.

Vous conviendrez, avec notre facteur, qu'à cette
heure-là pourtant il est temps de finir sa journée !

*_**

CONCLUSION. — Sans entrer dans des détails techniques, sans aborder la comparaison des perfection-
nements administratifs que des hommes spéciaux
devaient nécessairement aborder dans ce Congrès,
nous reproduirons le résumé très juste présenté par
son président M. Léon Say, et appuyé par le secrétaire
général du ministère des chemins de fer, postes et
télégraphes de Belgique, M. Fassiaux.

Toute la question, a dit M. Léon Say, est de savoir si l'on peut
obtenir du public qu'il n'exerce pas une pression vraiment excessive pour avoir toute sa correspondance le dimanche comme
les autres jours. La réalisation de ce que demande M. Robert
est une question à régler entre les administrateurs et le ministre
d'une part, et le public de l'autre.
Vous vous rappelez qu'autrefois le service était fait dans des
conditions suffisantes. Quand on a annexé la banlieue, on pen-
sait que le moindre petit coin de cette banlieue devait être traité
aussi convenablement que Paris et l'on a étendu cette sorte
d'activité fiévreuse, qui ne régnait que dans le centre, à tout le
nouveau Paris. Il y a là une ardeur maladive qui ne peut être
guérie que par une action sur le public lui-même. Vouloir être
servi jusqu'à 11 henres du soir, cela est certainement anormal.
On pourrait donc chercher à exercer une influence favorable sur
l'opinion publique et sur la presse ; mais il faut dire que la presse,

en soutenant la disposition fiévreuse du public, y trouve un béné-
fice toujours plus grand.

La poste, chez nous, tend à une augmentation qui est peut-
être un peu excessive. L'État, d'abord, peut très bien supprimer
d'office des distributions de lettres (1) ; on verra comment l'opinion publique prendra la chose.

Avant tout, ayons la sagesse de penser comme
M. Léon Say : « Pour ma part, a-t-il dit aussi, je serais
ravi qu'on ne me donnât pas de lettres le dimanche. »

« Il faut compter avec les habitudes prises et non sur
un résultat immédiat, a ajouté M. Fassiaux, recon-
naissant à ces observations le caractère de l'évidence.
A mon sens, *il faut avancer par étapes* et ménager avec
soin les transitions pour ne pas aller se heurter contre
des exigences qui, comme M. Léon Say l'a fort bien
fait remarquer, sont plus maladives que légitimes. »

*
* *

COMBIEN LA FRANCE EST DEVANCÉE,
NOTAMMENT PAR LA BELGIQUE ET LA
SUISSE ! — Notre administration des postes et télégraphes consent, sur la demande de la *Ligue populaire*, à étudier les moyens de réduire le service de ses
agents le dimanche, et même à supprimer, à Paris,
une levée et deux distributions dans la journée du

---

1. Par exemple, si l'administration des postes prenait la décision de n'expédier ou de ne distribuer aucune lettre le dimanche, sauf celles qui porte-
raient une double taxe, ce surcroît de frais serait à peu près insensible pour
les correspondances vraiment urgentes ; quant aux lettres non pressées qui,
expédiées le samedi, ne seraient distribuées que le lundi matin, qu'importe-
rait ce retard insignifiant ?

dimanche. On dirait, en vérité, que le service est exécuté avec une ponctualité de tous les instants, que nos
distributions se font toujours avec une précision mathé-
matique !...

Quoi qu'il en soit, les atténuations projetées sont
singulièrement maigres, si nous faisons un parallèle
avec deux pays voisins que nous devrions bien suivre,
la Belgique (1) et la Suisse (2), sans compter l'Angleterre, où le repos dominical est si étroitement observé.

1. BELGIQUE. — Les facteurs, les agents les plus intéressants du service
des postes, avaient un jour de repos assuré tous les mois ; c'était réglemen-
taire. Aujourd'hui, ce jour de repos est accordé une fois par quinzaine. De
plus, le service a été réorganisé de telle sorte que le dimanche les facteurs
disposent du temps nécessaire pour qu'ils puissent assister aux offices, s'ils
le désirent. Il en est de même pour les *télégraphes*, et tout cela s'est fait sans
susciter la moindre plainte de la part du public.

2. SUISSE. — Les employés postaux jouissent tous, d'après la loi, d'un
dimanche entier sur trois. En outre, la plupart d'entre eux sont légalement
libres tous les dimanches après-midi. Il ne doit y avoir, l'après-midi du
dimanche, aucune distribution de lettres et aucune levée de boîtes. Le matin
de ce jour, les levées de boîtes et les distributions de lettres sont le plus souvent réduites à deux. Dans quelques villes comme Lausanne, Vevey, St-Gall,
il n'y a le dimanche qu'une seule distribution de lettres. — Les bureaux de
postes sont généralement ouverts, le dimanche, deux heures le matin et deux
heures l'après-midi. Le service, à domicile, des mandats-postaux et articles
de messagerie se fait, le dimanche, jusqu'à midi. — A Genève, un grand
nombre de négociants se sont récemment prononcés en faveur d'une seule
distribution de lettres le dimanche.

Les employés du télégraphe et du téléphone ont un dimanche entier libre
sur trois, mais ils ont généralement moins d'après-midi du dimanche libres
que ceux des postes, surtout dans les grands bureaux. — Sur 1.200 bureaux
télégraphiques, il y en a 300 à service limité. Ceux-ci sont ouverts 5 heures le
dimanche (de 7 à 9 heures du matin, de 1 à 3 heures l'après-midi et de 7 à
8 heures le soir). — Tout bureau télégraphique à service permanent peut
être transformé en bureau à service limité moyennant l'autorisation de l'autorité locale ; aussi leur nombre est allé, d'année en année, en augmentant.

TÉLÉGRAPHES ET TÉLÉPHONES. — A notre grand regret, il faut passer, comme en courant, la revue des services télégraphiques, dont le personnel offre pourtant le même intérêt, présente, au point de vue dominical, une situation aussi peu brillante, et provoque un égal courant de sympathies.

Un roulement est établi ; parmi les agents télégraphistes, certains prennent leur service à 2 heures du soir et le quittent à 9 heures. Ces mêmes agents reprennent le lendemain matin leur service à 7 heures jusqu'à 2 heures de l'après-midi, et ils sont libres de 2 heures jusqu'au lendemain à la même heure. Pour la nuit, il y a un service spécial, qui commence de 7 heures à 9 heures du soir ; deux sections différentes travaillent à tour de rôle.

Sans vouloir détourner l'attention du Congrès des facteurs postaux, auxquels je me réjouis qu'on porte de l'intérêt, a observé M. le comte de Saint-Georges, lieutenant-colonel fédéral à Genève, vice-président du Congrès, je voudrais attirer votre attention sur les employés des téléphones. Nous avons là toute une catégorie de personnes qui sont généralement des femmes. Eh bien ! je m'entretenais, il n'y a pas longtemps, avec un directeur d'un de nos grands réseaux téléphoniques, qui me disait : « Sur nos dix-huit ou vingt employées, nous en avons toujours cinq ou six qui sont malades, parce que ces pauvres femmes sont sur les dents ; elles n'ont pas un instant de repos. » Le public considère souvent le téléphone comme un amusement ; on sonne son voisin, on lui dit souvent toutes sortes de choses sans importance, et on ne réfléchit pas qu'il y a des employées qui ont un travail excessivement pénible, exigeant une tension d'esprit continuelle, t que, de plus, elles sont exposées à d'autres difficultés sur lesuelles je ne veux pas insister.

Je demande donc que ces filles et ces femmes soient comprises dans nos vœux, et que ce que nous demandons pour les facteurs de la poste qui sont des hommes ayant tous un certain degré de résistance, de courage, nous le demandions, à plus forte raison pour les femmes de service au téléphone.

****

Le moment est venu de signaler plusieurs RÉFORMES PRATIQUES, celles-là, SUSCEPTIBLES D'UNE PROCHAINE EXÉCUTION. — Un pays de liberté et d'industrie comme l'Angleterre, dont la circulation postale est le double de la nôtre (1), nous en offre l'exemple. MM. Cheysson et Deluz les ont reprises ou inspirées.

1° *L'initiative individuelle.* — Commençons par reconnaître à tout individu le droit, bien inoffensif, de ne pas recevoir son courrier le dimanche. *Il ne s'agit pas ici du refus des lettres à domicile.* La mesure, en ce cas, serait illusoire, produirait même plus de mal que de bien, en obligeant le facteur à un double déplacement, c'est-à-dire à un assez notable surcroît de fatigue pour les habitations situées en dehors de sa tournée habituelle ; ce qu'il y a lieu de rechercher, c'est un droit consacré par un règlement précis, comme en Angleterre, et entraînant pour le facteur une diminution effective de fatigue et de service.

2° *La décentralisation administrative et l'autonomie communale.* — Après l'initiative individuelle, nous

---

1. Il a été calculé, pour l'année 1878, que le nombre de lettres par habitant étant de 32 pour l'Angleterre, il était de 15 seulement pour la France, soit moins de moitié.

recommandons un second moyen, la décentralisation administrative. Ainsi, supposez que, dans une localité de la France, une majorité se formât pour réclamer la diminution du service postal le dimanche, il ne faudrait pas que de Paris vînt l'ordre de continuer comme précédemment : il conviendrait que tout Conseil municipal eût le droit de restreindre dans sa commune le service postal du dimanche, sur le vœu de la majorité des intéressés. On fait sonner bien haut le prix de la liberté : or, ce serait, si je ne me trompe, un moyen pour les Conseils municipaux d'exercer une sérieuse et saine influence, et peut-être, pour les agents des postes, le moyen d'arriver, par acheminements, à obtenir non seulement du repos le dimanche, mais le repos du dimanche, — ce qui est le terme de nos désirs.

Nous ne ferions que bien peu de chose, si nous n'obtenions, par la décentralisation, l'augmentation des attributions des directions locales des postes.

3° MOYENS DE PROPAGANDE. — En troisième lieu, il n'y a pas de petits moyens de propagande qui ne soient à cœur aux personnes zélées pour la cause du dimanche. Un constructeur - mécanicien de Lyon, M. Satre, ingénieur, rappelait au Congrès une expérience dont il s'était bien trouvé ; il était parvenu à trouver une formule que les commerçants et industriels mettraient utilement sur leurs lettres, pour obtenir la diminution des services postaux le dimanche (1).

1. « Nous avions fait imprimer sur nos lettres et sur nos bons de commandes, dit M. Satre, cette mention très simple : *Prière à nos fournisseurs de ne pas faire travailler à nos commandes les dimanches et jours de fête.*

Notre *Association du dimanche* a, elle aussi, recommandé des enveloppes de lettres avec formules, qu'elle tient à la disposition du public.

Voici les résolutions adoptées sur le repos du dimanche dans les postes, télégraphes et téléphones.

Réduction, le dimanche, du service des agents des postes à une ou deux levées de boîtes et à une ou deux distributions de lettres, et limitation de l'ouverture des bureaux à environ deux heures le matin et deux heures l'après-midi, à moins qu'on ne puisse obtenir un service encore plus restreint.

Suppression, dans les pays où il existe, du service à domicile, le dimanche, des mandats-postaux, des colis-postaux et des articles de messagerie ne pouvant pas s'avarier, mais liberté pour chacun de les retirer au bureau à des heures déterminées.

Limitation de l'ouverture des bureaux télégraphiques et téléphoniques, dans les villes de second ordre, à quelques heures seulement le dimanche.

S'efforcer d'arriver, par voie législative ou autrement, à ce que tous les agents des postes, des télégraphes et des

Etant allés, plus d'une fois, voir si nos fournisseurs se conformaient à notre invitation, nous avons souvent eu la satisfaction de constater qu'ils en tenaient parfaitement compte.

» Je suis persuadé que si les industriels et les commerçants formulaient une invitation de cette manière, ils seraient certainement écoutés, parce qu'il ne faut pas oublier une chose, c'est que généralement le fournisseur est le serviteur de celui qui fait la commande, et il a intérêt, plus que personne, à observer ces simples recommandations, qui certainement portent leurs fruits.

» On pourrait, en modifiant la même formule, mettre sur les lettres adressées aux commerçants et aux industriels : *Prière de ne pas nous envoyer de journaux et de prospectus le dimanche.* »

téléphones aient au moins deux dimanches entiers par mois, et, dans l'intervalle, des jours de repos sur semaine, de sorte que chacun dispose, autant que possible, de cinquante-deux jours de repos par an.

A défaut de réformes générales, s'étendant à tout le pays, droit reconnu à chaque Conseil municipal de restreindre dans sa commune le service postal du dimanche, sur le vœu de la majorité des intéressés.

Faculté pour chacun de ne pas recevoir son courrier le dimanche, moyennant notification à qui de droit, et quand cette renonciation peut soulager le facteur.

Prière instante au public d'éviter tout ce qui peut augmenter le travail des employés des postes, des télégraphes, des téléphones, des messageries, et en général tout travail le dimanche. Invitation à inscrire cette recommandation sur les enveloppes de lettres et sur les en-têtes de factures.

§ 6. — Le dimanche, l'agriculture et le commerce.

La trêve du dimanche, nous croyons l'avoir démontré preuves en mains, s'impose plus que jamais partout où les progrès mécaniques ont multiplié le travail industriel, les moyens de circulation et de communication. Et l'on comprend, de reste, qu'en raison de leur influence numérique, les ouvriers d'industrie, du bâtiment, les agents occupés par les services des chemins de fer et des postes, aient concentré l'attention des congressistes de 1889.

Est-ce une raison suffisante pour laisser de côté les ouvriers de l'agriculture, les chefs et les employés des maisons de commerce, les représentants de ces professions dont la production et les débouchés sont nécessaires à la masse même de la nation ? — Nous ne le croyons pas, et le présent travail encourrait le reproche d'être incomplet, s'il ne leur accordait une mention. Nous avons le regret de ne pas faire cette mention aussi importante qu'il conviendrait ; mais il faut nous borner, surtout en raison du caractère élémentaire qu'il nous paraît utile de conserver.

LE DIMANCHE ET L'AGRICULTURE. — Il n'y a pas plus de soixante ans que notre société française offre le spectacle du type avili d'une civilisation en déclin, de cet homme déchu de ses grandeurs chrétiennes, qui, le jour du Seigneur et à l'heure même où ses frères, réunis dans le lieu saint, élèvent leur âme vers le Ciel, est là, courbé sur une motte de terre, poussant devant lui ses bêtes de somme, plus abaissé qu'elles-mêmes, parce qu'il est descendu d'autant plus bas qu'il est tombé de plus haut, et que, loin d'ignorer ce qu'il doit à Dieu, il aggrave sa révolte du poids de sa raison. Le travail du dimanche se généralise effroyablement dans les populations rurales.

L'affaiblissement de la Foi, l'entraînement du mauvais exemple, la soif du gain, exercent sur l'agriculteur, sur l'ouvrier agricole, une tyrannie d'un autre genre que celle qui a pour cause la volonté d'un patron sans pitié, ou les exigences d'un service sans arrêt ; mais l'effet produit est le même, et notre devoir est de rechercher le remède pour l'ouvrier des champs autant que pour celui des villes.

Ouvriers des champs, ne pouvez-vous donc vous abstenir, le dimanche, des semailles et du labour ? Et voulez-vous mériter les dures paroles devenues des anathèmes pour le peuple juif : « Vous avez semé beaucoup, et vous portez peu de gerbes dans vos granges ! »

En êtes-vous plus riches ? Mais voyez autour de vous. Le vigneron travaille à sa vigne le dimanche, et le phylloxéra la dévore. Le laboureur travaille à son champ le dimanche ; il y répand un engrais précieux, il jette une semence plus précieuse encore, et le blé qu'on recueille paye à peine ce qu'il coûte. Les blés étrangers, venus en abondance dans les pays où le dimanche est respecté, inondent nos ports et font baisser le prix des nôtres : en sorte que le pauvre cultivateur est en détresse. Il se dédommagerait encore sur le prix des bestiaux ; mais voilà que l'Amérique, observatrice du dimanche, nous envoie des viandes salées et menace de jeter sur nos marchés de grands troupeaux vivants !

Dans les exploitations rurales, il est impossible d'interdire absolument le travail du dimanche, mais on peut le réduire aux soins à prendre du bétail, et établir ainsi une solution qui donne à la plus grande partie du personnel la faculté d'assister aux offices religieux ; cependant, telle circonstance peut se présenter où il devient nécessaire de faire quelques travaux exceptionnels qui ne sauraient être remis au lendemain sans danger : ces exceptions sont d'ailleurs admises par la sollicitude maternelle de l'Église, qui autorise sans difficulté les rentrées de foins, de moissons, récoltes de vignes, lorsqu'il existe des menaces d'orage ou de gelées, fondées sur de sérieux pronostics. Qu'un agriculteur, à l'époque des moissons, se hâte donc de rentrer ses grains un dimanche, par peur de l'orage, il possède une valable excuse ; — et certes, nous n'avons pas la prétention d'être plus sévère que l'Église ; — mais que, d'un bout de l'année à l'autre, sans motif et presque sans conscience, il travaille le dimanche comme la semaine, ne se rappelant, à aucun moment, que la vie matérielle nous est donnée comme un moyen pour une vie plus haute, il se déprime lui-même et abdique sa dignité d'être pensant.

— Je ne travaille qu'un peu avant la messe, objectera-t-on ! — Pourquoi avant la messe ? est-ce que ce n'est pas aussi le dimanche ? Vous travaillez un peu, puis la messe sonne ; vous êtes tout sale, vous n'avez pas le temps de vous changer, alors vous dites : Il est trop tard, j'irai à la messe dimanche prochain ; ce n'est pas la Religion qui nourrira ma femme et mes enfants. Si fait, si fait, mon ami, c'est la religion, c'est DIEU... ; serait-ce vous, par hasard, qui faites pousser le blé, qui faites germer la vigne ? Est-ce vous qui donnez la pluie et le beau temps ? Est-ce vous qui les défendez contre les orages ? Il faut si peu de chose... Une petite gelée dans une nuit, une pluie, un petit insecte qui va piquer le cep dans sa racine, le blé dans son grain, une imperceptible maladie qui frappe la pomme de terre ; puis, c'est la souffrance, la misère, la faim...

*
* *

LA PLAIE, LES REMÈDES. — Quel remède apporter à la plaie toujours grandissante de la profanation du dimanche dans nos campagnes ? Il n'est pas, hélas ! de malade si difficile à guérir que celui qui, se croyant en bonne santé, refuse le secours du médecin. C'est bien le cas de nos gens de la campagne : ils sont aveuglés, et ils ne veulent pas comprendre les avantages multiples que leur procurerait le repos du septième jour.

Est-ce une raison, toutefois, pour les abandonner ? — Assurément non.

Le propriétaire d'un domaine affermé a le devoir d'interdire à son fermier le travail du dimanche, et l'obligation est aussi étroite pour lui que pour le propriétaire d'un immeuble urbain. A cette fin, il convient d'introduire une clause spéciale dans le bail, et l'on pourrait la motiver sur des intérêts contingents, comme la santé des domestiques, la conservation des animaux.

Combien il serait utile aux cultivateurs de former des associations semblables à celles que font entre eux les commerçants de certaines villes, en vue du repos dominical !

Les agriculteurs qui font respecter le dimanche dans leurs métairies devront faire bénéficier de leur expérience les personnes sur lesquellles ils ont, autour d'eux, quelque influence. Qu'ils disent et répètent, dans leurs entretiens avec leurs voisins de campagne, dans leurs promenades à travers champs, comment ils s'y prennent pour obtenir que le jour du Seigneur soit observé par ceux qui sont sous leur dépendance ; qu'ils exposent leur méthode, et les résultats obtenus produiront impression sur des esprits naturellement inclinés à réfléchir et à observer.

*
* *

LE DIMANCHE ET LE COMMERCE. — Si nous voulons obtenir des commerçants l'observation du précepte dominical, il est de toute évidence qu'il faut commencer par exercer une salutaire pression sur cette âpreté au gain, si naturelle à quiconque est dans les affaires. Il importe que les mœurs aient le premier pas ; et, ici comme ailleurs, si les catholiques le voulaient énergiquement, il y aurait un mouvement très vif en faveur du repos dominical ; mais il y faut le bon vouloir de tous ceux qui achètent, comme de tous ceux qui font travailler. Choisissons des entrepreneurs, des marchands sincèrement fidèles au précepte dominical (1) !

Les négociants et entrepreneurs qui ne respectent pas le dimanche seraient très impressionnés qu'on les mît à l'index : chaque fois que ce procédé a été suivi, il a donné des résultats ; on n'ignore pas combien le marchand, par-dessus tout désireux de faire des affaires, tient à plaire à sa clientèle ; or, si cette clientèle lui fait faux bond parce qu'il méconnaît la loi dominicale, il arrivera presque infailliblement que, la vente baissant, le magasin sera bientôt fermé les jours de précepte.

Mais il n'y a, objecte-t-on judicieusement, qu'une difficulté : celle d'obtenir des consommateurs qu'ils soient vraiment chrétiens sur le terrain des affaires, comme ils veulent l'être et le sont assez généralement dans leur for intérieur. Il n'est pas rare de voir des personnes sortant de la messe le dimanche, entrer dans

---

1. En vue de rappeler aux chrétiens leur devoir à cet égard, des listes de négociants et d'entrepreneurs ont été dressées sur certains points du territoire, donnant les noms des personnes fermant leurs ateliers et leurs magasins le dimanche. Ces listes, dont on a obtenu des résultats appréciables, sont tenues au courant des changements survenus et rappellent aux consommateurs les devoirs qui leur incombent. — C'est ici le lieu de recommander très particulièrement à nos amis le *Bottin catholique*, publié sous les auspices de l'*Union fraternelle du commerce et de l'industrie*, au siège de ladite Union, 14, rue des Petits Carreaux, et à la librairie Lecoffre, 90, rue Bonaparte.

des magasins pour acheter des objets qu'elles auraient pu se procurer la veille ou n'acheter que le lendemain. Elles n'y pensent pas, allèguent-elles ; mais il faudrait y penser, éviter un scandale, et cesser un encouragement déplorable à la vente le dimanche ! ce sont d'inconscients complices du commerce.

Tel magasin de nouveautés ouvre le dimanche, mais il vend des objets fort jolis et à bon compte : les dames chrétiennes n'ont pas toujours la force de se soustraire aux séductions qu'ils présentent. — Un entrepreneur de peinture fait travailler ses ouvriers, les jours de fête mais vous l'occupez depuis nombre d'années et vous ne vous sentez pas le courage de le quitter. — Les communautés religieuses elles-mêmes, les pensionnats, qui, en raison de leur effectif, font beaucoup travailler et prennent d'importantes fournitures, ne donnent pas toujours l'exemple. Ici, un juif insinuant saura persuader à l'économe qu'il lui fait faire des économies, alors qu'il le trompe à plaisir sur le poids ou la qualité. Là, un franc-maçon notoire aura placé dextrement son enfant dans la maison pour s'assurer la clientèle... ; pendant ce temps, des chrétiens végètent qui ferment boutique le dimanche, et sont accusés par les consommateurs catholiques de ne pas savoir leur métier, d'être mal approvisionnés, de vendre trop cher, etc., etc.

Fermeture, le dimanche, des comptoirs et magasins. — Le compte-rendu du Congrès de 1889 contient, à cet égard, quelques informations.

L'usage de fermer les magasins, les boutiques et les comptoirs le dimanche, pratiqué sur une grande échelle aux États-Unis, au Canada et dans la Grande-Bretagne, se généralise de plus en plus, surtout dans les pays du centre et du nord du continent européen, au moins pour tout ce qui n'est pas établissement de distraction et de plaisir. L'interdiction légale de trafiquer et de vendre le dimanche et les jours fériés n'existe que dans un petit nombre de pays. Et il y a lieu de croire que beaucoup de négociants français et d'autres pays accueilleraient avec plaisir une mesure de ce genre, qui leur permettrait de se reposer et de faire reposer leur personnel le dimanche, sans redouter la concurrence d'autres établissements qui ne chômeraient pas ce jour-là.

Cette dernière appréciation est fondée sur des observations et des faits, portés devant le même Congrès. Nous croyons utile de reproduire ici deux des témoignages entendus.

C'est d'abord une déposition de M. de Vilmorin, l'honorable horticulteur, qui était l'un des vice-présidents de ces belles assises dominicales.

Depuis de longues années, comme chef d'industrie et comme particulier, a-t-il dit, la question du dimanche m'a occupé. J'ai pu arriver, dans un grand établissement de Paris, à libérer complètement tout le personnel ce jour-là, et je suis heureux de pouvoir dire devant vous, à ma grande satisfaction, que tout ce qui se rapporte au travail y marche mieux aujourd'hui qu'autrefois.

Nous sommes redevables à M. Rœhrich, président du comité exécutif de la *Fédération internationale de Genève*, de la touchante histoire d'un déchargeur de charbon, enchanté d'être renvoyé au lundi pour desservir sa marchandise.

Si nous étions à la place de ces pauvres malheureux qui souffrent, ne soupirerions-nous pas après cette liberté dont ils sont privés et dont un grand nombre d'entre eux sentent d'autant plus le prix ? Laissez-moi vous citer un fait qui m'est arrivé personnellement. Il ne s'agit ni de fabriques, ni de chemins de fer, il s'agit tout simplement d'un employé dans un dépôt de charbon. J'avais commandé du coke un jeudi pour l'avoir le vendredi ou le samedi, et voilà qu'on me l'amène le dimanche, à dix heures du matin, au moment où je me rendais moi-même au culte. Que faire ? Le recevoir ? C'était contre mes principes. J'avais demandé le charbon pour le vendredi ou le samedi, on me l'amenait le dimanche matin. Renvoyer cet homme ? Que me dira-t-il ? Ne dois-je pas m'attendre à être injurié ? Pauvre malheureux ! il était dans ses habillements ordinaires, et noir comme un nègre. Il sonne à ma porte, c'est moi qui vais lui ouvrir. Je lui dis avec fermeté, mais avec bonté : « Mon pauvre ami, ce n'est pas pour aujourd'hui que j'ai commandé ce coke, et je ne puis le recevoir, car c'est aujourd'hui dimanche. » Cet homme me regarde ; les larmes lui viennent aux yeux, et, me tendant la main, tout en s'excusant de ce qu'elle est sale, il me dit : « Merci, monsieur, merci ! Ah ! si on faisait comme cela partout, nous ne serions plus traités comme des esclaves ! » Je m'attendais à ce qu'il allât décharger ses sacs dans la cour ; il n'en fit rien et il ajouta : « Monsieur, je reviendrai demain. Je suis très heureux de retourner avec mon chargement pour montrer que nous ne sommes pas dans des conditions que tout le monde approuve. Voyez comme je suis. Eh bien, je reste quelquefois trois semaines dans cet état sans pouvoir m'approprier, et quand il m'arrive d'être libre à quatre heures le dimanche, fatigué, harassé, je trouve qu'il n'en vaut plus la peine, et je recommence tel quel la journée du lendemain. »

Deux mots peuvent servir de résumé : Il y a des marchands qui n'osent fermer le dimanche, et leur grand argument consiste à soutenir que les gens de la campagne viennent acheter de préférence le dimanche.

Ce serait tourner indéfiniment dans un cercle vicieux. Au surplus, nous mettons en garde notre public, et il ne lui restera plus l'excuse d'agir inconsciemment.

§ 7. — Conclusions.

Évidemment, nous n'allons pas reprendre ici les conclusions classées sous leurs paragraphes respectifs. Tout au plus, nous attacherons-nous à résumer les conséquences pratiques qui se déduisent de ce travail et à faire un dernier appel à la bonne volonté individuelle. Il est, toutefois, des objections, des sophismes économiques très répandus, auxquels il est essentiel de répondre. Avant donc de nous tourner une suprême fois vers nos amis, écoutons nos adversaires. Le désir d'être le plus clair possible nous a conduit à grouper et à réfuter en même temps leurs allégations.

*_**

OBJECTIONS.

Et, d'abord, prenons corps à corps *l'équivoque du repos hebdomadaire* à un jour indéterminé : les Congrès ouvriers de ces dernières années ont inscrit cette revendication. Nous avons le devoir de démontrer que la vraie liberté de l'ouvrier consiste dans le *dimanche chrétien*.

1º L'ÉQUIVOQUE DU REPOS HEBDOMADAIRE. — Un jour sur sept doit être consacré au repos du corps et à la culture de l'âme, et le dimanche est naturellement désigné pour ce double but : nous disons le *dimanche* et non pas un jour quelconque, la religion et la morale étant deux sœurs étroitement unies. Le principe d'un jour septennaire de repos une fois admis, ce repos doit être fixé au septième jour. Pour que le repos ait son efficacité, *il est essentiel que le jour du repos hebdomadaire soit le même pour tous.* Un jour de cessation de travail indéterminé, variant suivant les usines, les professions et le bon plaisir de chacun, c'est la ruine à brève échéance de tout travail économique sérieux. La liberté pour l'individu, les jours ouvrables, est le désœuvrement ; la liberté, le dimanche, voilà le moyen de se réunir avec d'autres hommes également libres, ce jour-là, comme nous ! Et la vie de famille, que deviendra-t-elle si le jour du repos n'est pas le même pour tous ses membres ? Que devient la joie du dimanche si le jour du repos n'est pas le jour de la famille ? Vous laisseriez la mère travailler dans une fabrique, le père dans une autre, les enfants dans une troisième ! Quel jour ces membres épars se trouveront-ils rassemblés, si ce jour est laissé à la discrétion des patrons, s'il n'est pas déterminé à l'avance pour tout le monde ? Indéterminé, le repos hebdomadaire n'est qu'un mot, un leurre, un simple temps d'arrêt dans le travail ; et, dès lors, l'homme serait traité comme la machine elle-même... Dans la plupart de ses manifestations, l'esprit public n'a-t-il pas, d'ailleurs, désigné le dimanche ? La décade du calendrier républicain n'a pu survivre à l'époque révolutionnaire. Jolie liberté, sous la troisième République, que celle au nom de laquelle sont violentées une partie considérable de la population ouvrière, l'immense majorité de la population féminine, encore profondément attachées aux croyances catholiques !

2° POSER EN RÈGLE LE REPOS DOMINICAL, C'EST PORTER ATTEINTE A LA LIBERTÉ DU TRAVAIL ! — Étrange préjugé que celui-là, partagé par beaucoup d'entre vous, mes bons amis les ouvriers, qui vous imaginez que la liberté a quelque chose à voir dans la faculté à vous laissée de travailler le dimanche. Cette calembredaine-là est souvent sur les lèvres des républicains de nos Chambres, qui sont, comme chacun sait, d'inépuisables réservoirs de liberté ! Autant que personne et plus sincèrement qu'eux, nous vous le jurons, nous désirons que le travail soit libre ! Il est aisé de retourner les arguments des soi-disant défenseurs de la liberté du travail, contre ceux-mêmes qui les emploient. Un acte de liberté, le travail du dimanche ! mais la liberté sagement pratiquée veut, si je ne me trompe, que l'on respecte, avant tout, la personne et le bien d'autrui. Exiger ou même tolérer le travail du dimanche, n'est-ce pas vouloir, ou permettre que les ouvriers usent prématurément leurs forces, dépriment leur intelligence, compromettent jusqu'à leur santé physique et morale, ce bien si précieux pour eux-mêmes et pour la famille dont ils sont le soutien ? Que le travail du dimanche soit, à un point de vue, la liberté du riche, de l'architecte, de l'usinier, du manufacturier, qui ne surveillent pas le travail de leurs employés et de leurs ouvriers le dimanche, je n'y contredis pas, pour le plus grand nombre du moins ; mais, certainement, c'est sacrifier, aux calculs égoïstes et erronés d'un patron, les intérêts et les désirs du plus grand nombre, puisque dans un atelier tous les ouvriers sont soumis à la même règle ; puisque, si les uns travaillent, les autres sont obligés, bon gré mal gré, d'en faire autant. Au surplus, — et nous avons hâte de l'ajouter, nous ne méconnaissons pas que la doctrine du repos du dimanche fait, de jour en jour, de plus nombreux prosélytes dans le monde des patrons, des chefs d'industrie, des entrepreneurs, de ceux enfin dont on ranime les bons sentiments en leur rappelant qu'ils ont charge d'âmes, qu'il leur est interdit d'accroître leur fortune par un travail incessant et réprouvé de DIEU.

3° IL FAUT MANGER, dites-vous encore, LES SEPT JOURS DE LA SEMAINE : DONC IL FAUT ÉGALEMENT TRAVAILLER CHACUN DES SEPT JOURS ! — Nous ne sommes pas pour vous empêcher de manger le dimanche, et personnellement, je serais même enchanté que votre ménagère ajoutât quelque chose à l'ordinaire, ce qui, convenez-en, sera bien facile, si vous lui confiez les économies réalisées sur la *Saint-Lundi !* Vous respirez bien pendant les douze heures de la nuit : oh ! je ne vous en fais pas le moindre reproche, et je n'ai jamais pensé au regret que vous pourriez éprouver de travailler durant ce temps-là comme pendant les douze heures de la journée. Eh bien ! je vous le demande imagineriez-vous jamais que le salaire fourni par vos heures de travail ne doit suffire qu'aux besoins correspondant à ces heures elles-mêmes ? Au surplus, les économies réalisées par la moralité qu'amène le repos du dimanche constituent une réponse péremptoire, et nous allons vous démontrer de suite la possibilité de gagner en six jours autant qu'en sept, puisque vous pouvez souvent arriver à la même somme de travail.

4° Nous arrivons au grand sophisme économique : LA SUPPRESSION DU TRAVAIL, LE DIMANCHE, DIMINUERA LA PRODUCTION NATIONALE ! — Honnêtes producteurs, vos craintes sont chimériques. Voyez donc ce qui se passe chez deux grands peuples, respectueux observateurs de la loi du dimanche, l'Angleterre et l'Amérique du Nord, les deux nations les plus industrielles et mercantiles du monde ! Avec leurs six jours de travail de la semaine et le repos du dimanche, voilà des peuples qui, proportions gardées, obtiennent des résultats manifestement supérieurs à ceux donnés par le labeur ininterrompu ! Encore un coup, la production anglaise est-elle inférieure à celle des autres nations ? Et, de bonne foi, moins de travaux seraient-ils commandés, un édifice, une maison de moins, un seul chantier viendrait-il à faire défaut, notre trafic national serait-il diminué si les travaux étaient interrompus le dimanche ? Qui le soutiendrait sans rire ! Le travail ininterrompu, les travaux forcés dans l'atelier, constituent l'une des plus grossières erreurs économiques de notre temps, et les hommes au courant de la fabrication et des affaires industrielles, en dénoncent deux conséquences bien propres à frapper tout esprit réfléchi : A. *En se reposant un jour sur sept, les ouvriers font, pendant les six autres jours, plus de travail et un meilleur travail ;* B. *Lorsque la quantité des produits fabriqués augmente, leur valeur vénale diminue, une production excessive amène fatalement un abaissement du taux des salaires et, finalement, il se trouve que l'ouvrier a usé en pure perte ses forces, son temps, sa vie. Au bout de l'année, il n'a pas gagné davantage que s'il n'avait travaillé que six jours par semaine, et s'il avait donné le septième au repos sacré du dimanche.* — Les lois de la véritable économie politique vengent ainsi l'injure faite à la morale religieuse, et les déclarations d'ingénieurs, de fabricants, d'architectes, produites au cours de cette étude, en ont fait la démonstration économique, au regard des ouvriers comme des patrons. Quant à vous, pauvres ouvriers, qui manifestez des répugnances, souvent même du dédain pour ce dimanche si vraiment réparateur, que vous sert de travailler ainsi sans relâche ? Ne voyez-vous pas que, par là, votre corps, qui n'est pas de fer, s'use avant le temps ? que votre santé dépérit ? que votre salaire, victime des prélèvements de la *Saint-Lundi*, n'augmente pas ? que vous-mêmes, vous vous avilissez et vous ravalez en quelque sorte au niveau d'une machine à produit, car vous oubliez jusqu'à votre âme, ce qu'il y a de plus précieux en vous ?

RÉSUMÉ. — Quant à nous, nous ne sommes certes pas de ceux qui s'effraient de la couleur cléricale de la cause du dimanche, et nous n'hésitons pas à proclamer, en compagnie de beaucoup d'esprits réfléchis, qu'*un peuple sans dimanche est bientôt un peuple sans Dieu.*

L'Europe entière reconnaît l'urgente nécessité de remettre en pratique le troisième commandement, et nous aimons trop notre pays, nous croyons trop aux destinées providentielles de la Fille aînée de l'Église, aux généreux mouvements, aux mystérieux ressorts de l'âme française, pour penser que notre patrie s'obstinera à rester seule officiellement contemptrice de la loi dominicale. Nous nous obstinons, nous, catholiques, à espérer que le jour n'est pas loin où la France chrétienne secouera le joug de la libre-pensée.

Aussi bien, les attentats commis par les nations ne se paient pas dans l'autre monde, mais dans celui-ci.

La profanation générale et systématique du dimanche entraînerait une sanction proportionnée à la grandeur d'un tel attentat social, et les esprits les plus distingués de notre temps ont prodigué, — nous venons de les voir et nous n'avons pas à les répéter, — les plus solennels avertissements à l'adresse d'une société envahie par « ce paganisme des temps modernes, plus effrayant que celui d'autrefois. »

Comme premier châtiment pour une nation intelligente et libre, constatons l'asservissement sans relâche au travail manuel qui provoquait, il y a plus de quarante ans, ces paroles de Montalembert dans l'Assemblée nationale :

> Tandis que, d'une part, les perfectionnements des machines, chaque jour plus ingénieux, laissent une place de moins en moins grande à l'intelligence, à l'activité et à l'énergie personnelle de l'ouvrier ; de l'autre, en le tenant sans cesse enchaîné, par l'appât du gain, à ces machines qui semblent destinées à le remplacer, on lui ôte le seul moyen de retremper son âme et de renouveler sa vie morale. On arrive ainsi, selon la juste expression d'un spirituel étranger, à remplir le monde de machines qui ont presque des âmes et d'âmes qui ne sont plus que des machines (1).

La violation du dimanche arme donc le « glaive à deux tranchants » qui, sans doute, en rompant le pacte de l'alliance contractée par le Seigneur avec le peuple chrétien, atteint la majesté de DIEU, mais entraîne les plus désastreuses conséquences économiques et sociales. La violation du dimanche est, la Foi nous le montre, un attentat au jour du Seigneur. Un de nos évêques les plus éminents par la science et la vertu, Mgr Perraud, a également montré, faisant de larges emprunts aux documents que nous venons d'analyser, combien la violation du dimanche lèse, nous allions dire « les droits ». — disons avec l'évêque-académicien — « le jour de l'homme. »

Désertion des offices, abandon des sacrements, oubli

---

1. M. de Montalembert, *Rapport sur l'observation du dimanche*, Assemblée nationale législative, 10 décembre 1850. (Œuvres, t. III, p. 497.)

de tous les devoirs, ignorance des vérités de la Foi, destruction de l'esprit de famille, affaiblissement, sinon extinction complète de la vie religieuse et morale, voilà les effets du mépris de la loi dominicale M. le sénateur Chesnelong a récemment encore, le 16 juillet dernier, démontré au Sénat l'importance capitale de la réforme sociale que la loi du dimanche ramènerait dans nos mœurs publiques ; et M. Jules Simon s'est, une fois de plus, attiré le qualificatif de « réactionnaire » en sollicitant de la Chambre haute une réaction contre cette profanation du dimanche, qui est incontestablement une marque d'abaissement et un sujet d'humiliation pour notre cher pays.

Nous nous trouvons en présence de *trois classes ou catégories d'intéressés*. D'abord, *les ouvriers et employés*, ceux-ci à peu près unanimes à appeler de leurs vœux le triomphe de cette réforme morale. Ensuite, *les patrons, chefs d'industries ou de maisons de commerce*, assez habituellement disposés à accorder la réforme. Enfin, reste un troisième élément, que l'on passe sous silence trop volontiers, qui lui-même ne parle guère, mais dont les sympathies, quoique silencieuses, sont très certainement acquises à la réforme : *la clientèle*, élément qui ne doit pas manquer de voix au chapitre. Nous avons l'ambition de faire appel à ce triple concours, à ce triple intérêt, celui des ouvriers, celui des patrons et celui du public ou du client.

A l'ouvrier, nous disons : Vous qui êtes les premiers intéressés au repos hebdomadaire et qui souffrez de son inobservation, ne supportez pas que l'on vous condamne au travail le jour où la généralité des hommes se repose ; unissez-vous pour protester contre cet abus, et si on ne vous écoute pas, usez de tous les moyens légitimes pour obtenir une liberté à laquelle personne n'a le droit de porter atteinte.

Au patron, nous disons aussi : Adhérez, au nom de la loi morale et de vos propres intérêts, à cette réforme, avant que la nécessité ne vous l'impose. Vous en aurez le mérite devant DIEU et devant les hommes. Il est d'expérience qu'elle ne diminuera pas la prospérité de vos affaires et qu'elle vous conciliera les sympathies de ces âmes d'hommes, de ces cœurs d'ouvriers auxquels vous devez tenir.

Au public enfin, au client, c'est-à-dire à tous et à nous-mêmes, nous n'hésitons pas à dire : Ne nous faisons pas, en achetant le dimanche, le complice inconscient ou non de la violation d'une loi qui est, à notre époque plus que dans aucune autre, la sauve-garde de l'ordre public (1).

PROGRÈS DE LA CAUSE DOMINICALE (2). — Au surplus, il est consolant de voir combien l'idée du repos dominical s'introduit dans la pratique et s'impose peu à peu à des hommes d'abord indifférents ou prévenus. Un sentiment patriotique non moins qu'humanitaire a inspiré bien des efforts, nobles autant qu'efficaces, auxquels notre *Croisade du dimanche* rendit un juste hommage. Grâce à ce mouvement général de propagande, dont ne pouvait se désintéresser un maître qui étudia si puissamment le problème social, F. Le Play, la question du repos dominical fait son chemin. En doctrine, tous les Congrès, Congrès catholiques, Congrès d'architectes, de jurisconsultes, de propriétaires, d'œuvres ouvrières et sociales, tant en France qu'en Belgique, pour nous en tenir à ces deux pays, retentissent d'une question autrefois trop oubliée, et le bruit qui se faisait autour d'elle n'est pas resté en paroles ; il a passé hors des limites de ces Congrès, et du principe on est venu à l'action. D'abord, à l'action libre, la première possible. Nous avons vu des industriels, des patrons soucieux de la dignité humaine de l'ouvrier, supprimer dans leurs usines le travail du dimanche, et déclarer, après expérience faite, que l'intensité de la production ne gagne rien à ce travail, que l'épargne et la moralité y gagnent moins encore, et que le respect de la loi dominicale est tout au profit de l'industrie comme de l'amélioration morale et matérielle des travailleurs qu'elle emploie. Nous avons vu des négociants s'entendre pour fermer leurs magasins le dimanche, des propriétaires se concerter pour respecter et faire respecter autour d'eux le repos dominical.

1. Ces idées et souvent ces expressions mêmes sont reproduites d'un discours de M. Desconbès, ancien bâtonnier, correspondant du *Comité catholique* et de la *Ligue populaire pour le repos du dimanche*. D'importants fragments en ont été publiés dans la *Réforme sociale* du 1er février 1891 (p. 228-235).

2. Voir le rapport de M. René Lavollée sur ce sujet (*Repos du dimanche* livraison de mai 1891.)

L'État devrait être le premier à donner l'exemple en diminuant, le dimanche, et en réduisant, au minimum des exigences raisonnables, les services des chemins de fer, de la poste et des télégraphes. Aiguillonnons les pouvoirs publics par d'incessantes réclamations, et un jour viendra, nous en avons la ferme confiance, où, plus soucieux des grands intérêts sociaux qui leur sont confiés, ils comprendront leur devoir d'assurer, sauf les exceptions les plus urgentes, le respect de cette sainte loi qui veut que l'homme, après avoir travaillé six jours de la semaine, se repose le septième. Le mouvement ascendant qui se produit, dans l'opinion comme dans les faits, atteste la popularité de notre apostolat, la fécondité que porte avec elle l'idée si simple, mais vivifiée par l'esprit de DIEU, du repos et de la sanctification du septième jour.

La bonne volonté individuelle exerce, nous l'avons vu, une haute influence. Mais « nous devons demander, avec M. le sénateur Chesnelong, une nouvelle loi de 1814, modifiée si l'on veut sur certains points, mais complétée sur plusieurs autres, qui interdise, sauf les exceptions légitimes, le travail du dimanche. » Il faut avoir toujours présente à l'esprit la ferme déclaration de M. le sénateur Lucien Brun, qui fait autorité par la science juridique autant que par l'éloquence : « Le premier article de toute législation chrétienne du travail est le troisième commandement de DIEU, et rien n'est fait tant que cet article reste à faire. »

« Il faut que les mœurs précèdent la législation, et la précèdent de beaucoup,» a-t-on dit et répété sur bien des tons au Congrès de 1889. A l'heure présente, il est de mode de dénoncer les cléricaux comme ayant une pensée de derrière la tête, quand ils demandent la consécration du repos dominical et l'intervention du législateur. Il n'y a pas là motif pour suspendre nos revendications. La question du dimanche a pour elle le courant de l'opinion : c'est à une action persévérante que nous vous convions, hommes de bonne volonté, hommes de foi, et nous en appelons à vous tous, ouvriers, trop souvent victimes d'un régime économique sans entrailles. Aidez-nous à revendiquer la libération du dimanche : il y va de la libération même de la patrie !

***

L'ASSOCIATION POUR L'OBSERVATION DU REPOS DU DIMANCHE. — Parmi les œuvres collectives qui affermissent et développent le mouvement dominical, et auxquelles notre *Croisade du dimanche* s'est plu à rendre justice, il en est une qui compte les plus honorables états de service.

L'Association pour l'observation du repos du dimanche remonte à quarante ans. Elle a é é honorée des plus précieuses bénédictions par le Pape Pie IX, de sainte et illustre mémoire. Parmi ses fondateurs, se trouvaient deux hommes dont nous gardons pieusement le souvenir : l'un, qui était déjà, à cette époque, le très aimé et très vénéré président général de la Société de Saint-Vincent de Paul, M Baudon ; l'autre, qui fut plus tard le président bien cher et bien respecté du Comité catholique de Paris, M. Bailloud. L'Association de Saint-François de Sales prit cette œuvre sous son patronage. Mgr de Ségur, dont la sainteté, toute faite de piété et de bonté, se joignait à une grâce à laquelle on ne résistait pas, en prit la direction et lui imprima une impulsion qui accrut rapidement ses progrès. Elle eut ensuite pour président un très ferme chrétien, un homme de bien et de cœur, M. Coppinger, qui lui consacra les derniers labeurs d'une vie qui ne devait pas, hélas ! se prolonger. Nous l'entendîmes bien souvent, dans notre Comité catholique et dans notre Congrès, nous parler avec une émotion éloquente de cette œuvre qui lui était si chère. Elle s'est rattachée, il y a quelques mois, par des liens très intimes, au Comité catholique de Paris, qui a mis tous ses soins à la réorganiser sur de larges bases. Désormais donc, elle aura son siège à ce numéro 35 de la rue de Grenelle où se trouvent déjà groupées les œuvres sœurs du *Comité catholique,* du *Comité de Défense religieuse* et de la *Société d'Éducation et d'Enseignement.* C'est une sœur nouvelle qui nous est arrivée, et nous l'avons accueillie comme étant de la famille.

L'Association n'implique d'autre engagement que celui de respecter le repos du dimanche et de le faire respecter autour de soi dans les limites plus ou moins étendues de l'action qu'on peut exercer. Pour la populariser et, — c'est notre ambition, — l'universaliser, nous avons créé, sous le nom de *Repos du diman-*

che, un *bulletin mensuel* qui s'est présenté sous le haut patronage de S. Ém. le cardinal-archevêque de Paris, et qui se donne beaucoup plus qu'il ne se paie, car le prix d'abonnement est d'un franc par an.

Eh bien ! que tous les catholiques entrent dans cette *Association* et s'abonnent à ce *bulletin !* Une obole pour le bon Dieu : qui donc pourrait la refuser ? L'engagement de respecter et de faire respecter autour de soi le jour sublime de Dieu, des foyers et du peuple, qui donc, ayant un peu de foi et un peu de cœur, pourrait hésiter à le prendre ? Cela est simple ; cela n'exige ni effort, ni sacrifice ; et cela serait grand, décisif et fécond. Le jour, songez-y bien, où tous les catholiques entreraient dans cette association, la question serait résolue ; le repos du dimanche serait remis en honneur ; la religion retrouverait la foi et le respect de ses enfants ; la société, ses assises démantelées ; la famille, ses tendresses, qui sont ses forces ; l'ouvrier pauvre, le meilleur gage de sa liberté et de son relèvement. Une grande tache serait effacée du front de la France ; elle aurait cherché la glorification de Dieu et de son jour, et le reste lui serait donné par surcroit.

C'est derrière l'autorité de M. Chesnelong, président du *Comité catholique de Paris*, qu'il convenait, à bien des titres, de placer les hautes recommandations faites par l'éloquent sénateur au Congrès catholique de 1890, et sous l'impression desquelles nous voulons laisser le lecteur.

Donnons à l'ouvrier un jour qu'il puisse occuper, non pas à faire la débauche, mais à s'améliorer, à s'élever moralement. Ce jour restitué, un grand pas sera fait vers notre véritable relèvement, et la très noble nation française, comme l'appelle encore l'âme paternelle de Léon XIII, sera revenue aux saines traditions de la liberté, de l'égalité et de la fraternité, la fraternité de la sentence que Dieu a signée de son sang : « Aimez-vous les uns les autres. »

« La librairie **Bloud** et **Barral** adoptait, tout récemment,
» une mesure qui, en raison de la difficulté des temps que
» nous traversons, constitue un véritable service pour les
» membres du clergé. Aussi de *très nombreuses lettres* d'adhé-
» sion, *atteignant un chiffre absolument imprévu,* sont-elles
» adressées chaque jour aux éditeurs des **PETITS BOL-**
» **LANDISTES** (1), avec les plus honorables remercie-
» ments, pour les féliciter d'une mesure si opportune : (elle
» **permet à tous les ecclésiastiques et aux familles**
» **chrétiennes de se procurer les PETITS BOL-**
» **LANDISTES moyennant la modique somme de**
» **CINQ francs par MOIS**), mesure dont le succès
» démontre l'incontestable utilité et qui rend accessibles *à*
» *toutes les bourses* une des plus importantes, assurément
» une des plus **parfaites** et des plus **utiles** publications
» de la librairie française et chrétienne au XIXe siècle.

» Il nous paraît superflu de recommander, autrement, à
» nos lecteurs un ouvrage tel que les **PETITS BOL-**
» **LANDISTES**, d'un mérite aussi *universellement* re-
» connu et qui, suivant l'expression de S. G. Mgr l'arche-
» vêque de Chambéry, a été *honoré de l'approbation des*
» *membres les plus distingués de l'épiscopat français et des*
» *bénédictions du* **Souverain Pontife** lui-même. LL. EE.
» les cardinaux **Guibert**, archevêque de Paris ; **Donnet**,
» archevêque de Bordeaux ; **Pie**, évêque de Poitiers ; **Lan-**
» **génieux**, archevêque de Reims ; **Foulon**, archevêque de
» **Lyon**, notamment, et NN. SS les archevêques et évêques
» de *Besançon*, de *Chambéry*, d'*Alby*, d'*Angoulême*, d'*Amiens*,
» de *Langres*, de *Mende*, de *Nancy*, de *Troyes*, de *Nîmes*,
» d'*Agen*, de *Moutiers*, de *Valence*, etc, etc, ont bien voulu
» accorder leurs suffrages les plus élogieux à cette pieuse
» publication, **véritable monument** élevé à la gloire des
» saints. »   (Journal *Le Monde*.)

1. LES PETITS BOLLANDISTES, **Vies des Saints** depuis le commencement
du monde jusqu'aujourd'hui, par Mgr P. GUÉRIN, camérier de S. S. Léon XIII, et
leur SUPPLÉMENT d'après les documents hagiographiques les plus *authentiques*
et les plus *récents*, par le R. P. Dom Paul PIOLIN, bénédictin de la Congrégation de
France.

(Ensemble 20 vol. grand in-8°. Prix : 145 fr.; net, 110 fr.; payables CINQ fr. par
mois. — BLOUD et BARRAL, 4, rue Madame, Paris.)

AVIS. — Le catalogue complet (64 p.) de la lib. **BLOUD**
et BARRAL, 4, rue Madame, Paris, contenant un grand
nombre d'ouvrages pour la **JEUNESSE**, les **FAMIL-**
LES et le **CLERGÉ**, est envoyé **GRATUITEMENT**
sur demande.

L. TURGIS et Fils

IMPRIMEURS. — PARIS, 60, rue des Écoles. — ÉDITEURS.

IMAGERIE

Gravure

CHROMO

en

FEUILLES

ou avec

DENTELLE

❖

CATALOGUE

franco

sur

demande.

❖

CACHETS

pour

PREMIÈRE

Communion

❖

SOUVENIRS

mortuaires.

❖

Échantillons

franco

sur

demande.

❖

IMAGERIE

Gravure dentelle riche. . . . . , . . la douzaine	1	fr.
» » simple. . . . . »	0	80
Série très fine. . . . . »	2	»
Pour enfants, images, gravure et chromo, depuis . . . . . le cent	2	»

ESTAMPES POUR L'ENCADREMENT NOIR-COULEUR

Chemins de Croix pour Oratoires, Chapelles, Églises

CANONS D'AUTELS

LA PLUS GRANDE VARIÉTÉ DE SUJETS RELIGIEUX : Chrits, Vierges, Saints, Saintes, Scènes bibliques, en hauteur, carré, ovale, travers, de 0 m. 15 à 1 mètre.

ALBUMS

Alphabets de caractère et de style, chiffres, lettres entrelacées, etc. Documents style pur pour l'ornementation des manuscrits.

NOIR - COULEUR ET OR DE 2 A 3 FRANCS FRANCO.

Peinture à l'huile en toutes grandeurs, prix exceptionnels.

BIAIS Aîné et Cie
Fabricants
Fournisseurs de N. S. P. le Pape.

74, rue Bonaparte, Paris.
MAISON FONDÉE EN 1782.

Broderies, chasublerie, bronzes et orfèvrerie d'églises.
Ameublement complet des églises.

Ateliers de broderies, bronzes et ameublement
(74, rue Bonaparte, PARIS.)
Fabrique de soieries, dorures et passementeries
(15, rue Lanterue, LYON.)

Imprimé par Desclée, De Brouwer et Cie, Lille. — 1891.

Librairie Victor LECOFFRE
Rue Bonaparte, 90, PARIS.

Dans le Tourbillon du monde, par A. Veldenz,
traduit par J. de Rochay. 1 vol. in-12 . . . . . . 2 00
    Ce roman, au jugement des meilleurs critiques, est aussi sérieusement pensé que bien écrit. C'est moins une fiction que la peinture fidèle des luttes entre l'incrédulité et la foi ; c'est surtout l'histoire de ce qui se passe dans trop de jeunes âmes pieusement élevées quand elles sont mises en contact avec le monde.

De l'Observation des dimanches et jours fériés, par le comte de Montalembert. 1 vol. in-12 de 96 pages. 0 20

Faraude, par Zénaide Fleuriot. 1 vol. in-12 . . 2 00

Bonasse, par Zénaide Fleuriot. 1 vol. in-12 . . 3 00

La Rustaude, par Zénaide Fleuriot. *Deuxième édition*. 1 vol. in-12 . . . . 3 00

Le Soldat Chapuzot, scènes de la vie de caserne, par Jean Drault, avec une couverture illust. par J. Blass. *Deuxième édition*. 1 vol. petit in-8 . . . 2 00

Le Dimanche des soldats, contes et récits, par M. le marquis Anatole de Ségur, conseiller d'État. *Septième édition*. 1 vol. in-12 . . . . . 0 60

Maximilien Heller, par Henry Cauvain. *Troisième édition*. 1 vol. in-12 . . . . 2 00

Les Grandes Journées de la Chrétienté, par M. F. Hervé-Bazin, professeur à la Faculté catholique d'Angers. 1 vol. in-8 . . . . 3 50
    Les *Grandes Journées* renfermées dans ce volume sont les suivantes :
    Le Pont Milvius, Tolbiac, Poitiers, Pavie, Jérusalem, Las Navas, Grenade, Lépante, Vienne, Peterwardein.

Manuel des pieuses domestiques, par Mgr C.-A. Ozanam. *Sixième édition*. 1 fort vol. in-18 . . . 2 00

Manuel des pieuses ouvrières, par Mgr C.-A. Ozanam. *Deuxième édition*. 1 vol. in-18 . . . . 1 60

La Semaine des familles, revue universelle illustrée.
Prix de l'abonnement : 10 fr. par an ; 6 fr. pour 6 mois.
Les abonnements partent du 1er avril, du 1er octobre et du 1er janvier.
Chaque numéro contient 16 pages grand in-4°.

POUSSIELGUE-RUSAND Fils
ORFÈVRES Hors concours Exposition 1889.
PARIS, 3, rue Cassette, 3, PARIS.
CHASUBLERIE, BRODERIES DE STYLE.
ENVOI DE MARCHANDISES A CONDITION.
MAITRE-AUTEL
exécuté pour
St OUEN de ROUEN
EXPOSE EN 1889
AMEUBLEMENT
COMPLET DES ÉGLISES
BRONZE — MARBRE — PIERRE — BOIS.
Reproduction des belles pièces de l'Art chrétien.
ÉMAUX — STATUES — BAS-RELIEFS.
Envoi franco de catalogues illustrés sur demande.